D1730139

Philippe de Lachapelle

Confidences essentielles

50 histoires pour aimer

Je suis infiniment reconnaissant à Agathe Jarry pour sa contribution gracieuse et si compétente à ce recueil de confidences : ces heures passées à lire et relire ces textes avec bienveillance et exigence, les ordonner, les rectifier, les améliorer, pour qu'ils puissent rejoindre les cœurs et les intelligences.

Philippe de Lachapelle

PRÉFACE

Quelle joie aujourd'hui de découvrir ces *Cinquante histoires pour aimer* rassemblées à l'occasion des cinquante ans de la fondation de l'*OCH* !

J'avais déjà beaucoup apprécié ces entretiens, égrainés un à un chaque semaine par Philippe de Lachapelle sur *Radio Notre-Dame* et *RCF* mais ce recueil leur donne une lumière nouvelle. Cris de détresse, d'espérance, d'amour, autant de confidences que Philippe a reçues et qu'il a regroupées en quatre parties pour former les branches d'un arbre plein de sève. Cet arbre, c'est l'*OCH*, entouré d'autres pousses printanières ou plus matures appelées *Foi et Lumière*, *l'Arche*, *Relais Lumière-Espérance*, *À Bras Ouverts* et bien d'autres dont on pourra recueillir dans ces pages quelques très beaux fruits...

Pourtant, comme elle était petite la semence jetée il y a cinquante ans ! Si petite qu'elle n'aurait jamais vu le jour sans la prière de Marthe Robin qui la première m'a suggéré son lancement, et sans le père Henri Bissonnier, pionnier de la catéchèse spécialisée. Alors éducatrice spécialisée, je savais que pour aider un enfant handicapé à grandir, l'essentiel était de redonner à ses parents l'espérance dans sa beauté et ses capacités même très limitées, les aider à ne pas rester seuls. Mais que faire ?

La fondation de l'*OCH* fut, en 1963, une réponse au meurtre de la petite Corinne, née privée de ses membres. Ses parents désespérés la suppriment avec la complicité d'un médecin. Leur acquittement apparut comme une brèche dans le principe inaliénable du droit à la vie de chacun. Une main, un sourire, l'assurance donnée aux parents de ne pas les laisser seuls auraient peut-être permis à la petite Corinne de vivre.

Le message de l'*OCH* que nous voulions promouvoir alors pouvait se résumer ainsi :

Toute personne est une histoire sacrée, créée unique, à l'image de Dieu, capable de progrès. Pour grandir, elle a vitalement besoin d'une famille ou à défaut d'une communauté à taille humaine, intégrée dans la société et dans l'Église.

À l'aube de l'an deux mille, Philippe de Lachapelle devient le quatrième directeur de l'*OCH*. Son parcours et son arrivée providentielle valent d'être racontés. Philippe, muni de son diplôme de commerce et d'administration, découvre fortuitement dans un numéro d'*Ombres et Lumière*, revue de l'*OCH*, l'existence d'un foyer suscité par l'*OCH*. Huit personnes : certaines ayant un handicap mental léger, les autres étudiants ou jeunes professionnels. Ils se retrouvent en communauté tous les soirs et les week-ends : il y restera trois ans. Ses amis handicapés le bousculent, le décapent, le transforment. De là, il s'engage à l'Arche comme assistant, puis directeur, enfin responsable des communautés de l'Arche en France.

Aujourd'hui avec sa compétence, son expérience, son charisme de contact et de relation, ses convictions profondes, sa foi... il développe les quatre missions de l'*OCH* telles qu'il les rappelle dans son livre : *Ouvrir à la rencontre, Éclairer les enjeux éthiques, Soutenir les familles, Transmettre l'espérance.*

Philippe nous appelle dans ce recueil à célébrer le jubilé de l'*OCH* dans une confiance et un engagement sans cesse renouvelés, la main dans la main de notre sœur, de notre frère handicapé.

Marie-Hélène Mathieu
Fondatrice de l'*OCH*
et co-fondatrice de *Foi et Lumière*

- I -

OUVRIR À LA RENCONTRE

C'est quand même triste !

Sous un chaud soleil de septembre, une terrasse de café parisien regorge de monde. Un groupe d'adolescents, âgés de quatorze ou quinze ans, rit bruyamment, tout en s'aspergeant de limonade avec leurs pailles. Le reste de la terrasse est silencieux, médusé devant cette scène inhabituelle.

Ces jeunes ont la particularité d'être tous lourdement handicapés, en fauteuil roulant. Je passe devant la terrasse avec un ami. Nous aussi sommes un peu sidérés, regardant la scène du coin de l'œil. Une fois passés devant le café, mon ami me glisse : « *C'est quand même triste !* »

J'ai mis un moment à mesurer l'incongruité de cette phrase. Car en l'occurrence, ces adolescents handicapés étaient tout sauf tristes ! Et si mon ami a eu cette réflexion, c'est parce qu'il n'a vu que le fauteuil roulant. Il n'a pas vu les personnes riant aux éclats.

Cela m'a rappelé Joël, lui aussi en fauteuil roulant, un jour où il témoignait devant une classe de lycéens. Alors qu'ils demandaient s'il lui arrivait d'être désespéré, il avait répondu : « *Oui, lorsque vous ne voyez que mon handicap au lieu de vous intéresser à moi.* »

Loin de moi l'idée de jeter la pierre à mon ami. J'aurais pu avoir exactement le même réflexe. Mais reconnaissons que ce qui est triste, c'est notre capacité à nous regarder les uns les autres avec des œillères, et à réduire la personne à son apparence. Certes, personne n'a envie de vivre en fauteuil roulant. Mais personne non plus ne se réduit à son fauteuil. Pas plus qu'à sa trisomie ou à sa cécité.

Les personnes handicapées, dont le handicap est visible, irrémédiable, nous appellent à dépasser nos peurs et nos images toutes faites. Elles nous invitent à la rencontre les uns des autres, sans à priori ni jugement. Une occasion formidable pour sortir de la tristesse de notre quotidien et construire une société plus joyeuse !

Oser la rencontre

Johanna, une jeune allemande de vingt ans, semble avoir tout pour réussir dans la vie. Elle suit de brillantes études en informatique, joue à merveille de la musique, a des amis en nombre, et pour ne rien gâcher, elle est très jolie. Un avenir prometteur semble s'ouvrir à elle.

Pour améliorer son français, elle a choisi de vivre une année dans un foyer de l'Arche[1] en France, en communauté avec des personnes handicapées mentales. La veille de son retour en Allemagne, je lui demande ce qu'elle retient de cette expérience. Avec émotion, elle me lance : « *J'ai passé l'année la plus importante de ma vie !* »

Je suis un peu surpris par la force de cette réponse. Elle vient de partager le quotidien de Luc, Thierry, Annie… des personnes très marquées par le handicap. D'habitude, nous sommes plus tentés de les éviter que de les rencontrer. Que s'est-il donc passé ?

Elle cherche ses mots : « *Je ne savais pas de quelle tendresse j'étais capable. En donnant le bain à Annie, qui est très dépendante, j'ai appris à prendre du temps, pour qu'elle se sente bien. Avec Thierry qui répète toujours les mêmes choses, et pose toujours les mêmes questions, je me suis énervée, parfois très fort. À chaque fois, il me disait* "Ce n'est pas grave Johanna, j't'aime bien". *Et c'est vrai qu'il était patient avec moi.* »

« *En fait*, me dit-elle, *c'est extraordinaire la manière dont les personnes handicapées nous révèlent à nous-mêmes : dans nos talents comme dans nos limites. Elles éveillent en nous des sources insoupçonnées d'amour et donnent du sens à l'existence.* »

Alors nous aussi, osons la rencontre !

1- Fondée en 1964 par Jean Vanier, l'**Arche** est une fédération de communautés de vie à travers la France et le monde : des foyers à taille familiale où adultes ayant un handicap mental et assistants partagent quotidien, travail, repos, fête et prière... dans le respect de la différence et la joie !
L'**Arche en France** 12 rue Copreaux 75015 Paris - *www.arche-France.org* Tél. : 01 45 32 23 74

Des J.M.J. pas comme les autres

Lors des Journées Mondiales de la Jeunesse (J.M.J.) de 2011 à Madrid, Benoît XVI a voulu, dans un emploi du temps chargé, s'adresser aussi à des jeunes espagnols handicapés. Il leur dit : « *Notre société a besoin de vous. Vous contribuez à édifier la civilisation de l'amour.* »

Cette magnifique phrase m'a fait penser au témoignage qu'Axel avait donné lors de précédentes JMJ à Toronto. Il accompagnait Joseph, handicapé mental en fauteuil roulant. Lors de la grande rencontre avec le Pape, ils sont dirigés ensemble vers un espace dédié aux personnes handicapées, tout prêt du podium, juste en face du Pape. Quelle chance inespérée pour Axel, qui s'était organisé depuis un an pour ce moment : traverser l'océan et entendre le Pape au milieu de tant de jeunes... Grâce à Joseph, il était au premier rang.

L'impatience grandit. Le Pape arrive, les clameurs se font plus fortes, l'émotion d'Axel est à son comble. C'est alors que Joseph s'agite, se tourne vers lui et lance : « *pipi moi !* ». Oui, Axel a bien entendu. Il veut aller aux toilettes, juste maintenant, au moment ultime qu'il attendait tant. Et bien sûr, il n'y a pas de toilettes à proximité ! Axel va manquer l'intervention du Pape.

Pourtant sans hésiter, Axel l'accompagne et réalise à cet instant, que rien d'autre au monde ne comptait pour lui, à ce moment-là, que d'être avec Joseph. « *C'est la plus belle chose qui me soit arrivée,* dit-il : *tout laisser tomber parce que Joseph avait un besoin urgent. Lors de ces J.M.J., ce n'est pas le Pape que j'ai vu, c'est l'Amour que j'ai rencontré !* »

Oui, Benoît XVI a bien raison lorsqu'il dit encore à ces personnes handicapées : « *Votre présence suscite en nos cœurs souvent endurcis une tendresse qui nous ouvre au salut.* »

L'école du cœur

L'arrivée d'un enfant handicapé dans une classe ordinaire provoque souvent une grande inquiétude chez les parents des autres élèves. Elle se résume généralement ainsi : « *Il va ralentir la classe et faire baisser le niveau* ». Phrase brutale, violente, à chaque rentrée scolaire, qui plonge bon nombre de parents d'enfant handicapé dans un profond désarroi.

Je me souviens pourtant d'un établissement où les choses se sont déroulées autrement... Cet établissement accueillait déjà des enfants d'origines très diverses et avait pour projet éducatif de considérer l'élève dans la globalité de sa personne : son histoire, son plan d'avenir, son intelligence, son cœur, sa foi.

Un jour, dans cette logique, la directrice a voulu accueillir au lycée des jeunes porteurs d'un handicap physique lourd. Très dépendants, ils ne trouvaient aucun établissement près de chez eux disposé à les inscrire. Ils risquaient de devoir arrêter leurs études et prendre une orientation qui ne leur convenait pas.

Après avoir aménagé des locaux avec une subvention de l'*OCH*[1], le lycée a pu accueillir une première promotion de trois adolescents handicapés en classe de seconde. À la fin de l'année, la directrice m'exprime sa joie de voir ces trois jeunes passer en classe de première. Je lui demande ce qu'il en est du reste de la classe. La réponse fuse : « *C'est la classe qui marche le mieux !* ».

Mais alors, pourquoi une telle qualité de travail ? « *Vous savez, dit-elle, les relations entre élèves sont parfois tendues. La présence de ces trois jeunes très dépendants a changé pas mal de choses. Pour entrer en classe par exemple, plus de bousculade : il fallait s'arrêter, laisser passer le fauteuil électrique… puis aider l'élève handicapé à sortir sa trousse, à prendre des notes… Tout cela a créé un climat de bienveillance qui a profité à tout le monde.* »

Que ce type de témoignage rassure donc les parents inquiets ! Non seulement, le niveau de la classe ne baissera pas, mais il y a de fortes chances surtout que la classe devienne aussi une école du cœur !

1- Grâce à la générosité de ses donateurs, l'*OCH* vient en aide financièrement à de nombreux projets en faveurs des personnes handicapées.

Je n'ai pas le temps !

Le stress et l'activisme ont le vent en poupe, indéniablement. À longueur de journée, et parfois sans le vouloir, on court d'une priorité à une autre. On court beaucoup ! Mais, il y a des personnes qui courent moins et qui voudraient bien compter parmi nos priorités.

Par exemple Roger, une personne malade psychique, envahi de pensées obsessionnelles. Il entre dans mon bureau avec un besoin évident de parler. J'ai envie d'éviter cette rencontre. La solution la plus simple serait de lui dire que je n'ai pas le temps ! Il doit le comprendre. J'ai beaucoup de choses à faire, des choses importantes ! Et c'est vrai.

Je ne sais pas si vous avez remarqué, mais c'est souvent sur le critère du temps que les personnes fragiles nous provoquent ! Marcher au pas lent de Brigitte, handicapée physique, c'est difficile. Parler en articulant chaque syllabe à Jean-Pierre, malentendant, ça devient pénible à la longue. Écouter Roger parler de ses obsessions me paraît interminable. Ou encore bavarder avec ce mendiant dans la rue... Oui, mais combien de temps ? Jusqu'où cela va-t-il m'engager ?

Alors, c'est souvent montre en main que nous résistons, pour ne pas entrer en relation avec les plus fragiles. Mon temps est trop rare, trop précieux ! C'est ma vie ! Je veux en garder la maîtrise.

Or donner son temps, c'est donner sa vie. Qu'y a-t-il de plus concret pour matérialiser la vie que le temps ? Donné, il ne sera jamais rattrapé.

Oui, mais donner son temps, c'est aussi entrer dans le temps de l'autre. C'est recevoir la vie de l'autre qui me donne son temps lui aussi. Jésus a toujours donné son temps aux plus fragiles, aux malades, aux pauvres. Et Il nous invite à faire de même, en nous promettant d'être heureux.

Heureux, parce que nous y découvrirons la joie profonde, celle de la rencontre, de la communion, de la contemplation. Le temps de l'autre me conduit inexorablement au temps du tout Autre, le seul qui ne s'épuise pas.

C'est beau ici, ça nous honore...

À l'occasion d'une conférence[1] organisée par l'*OCH* avec Jean Vanier et Julia Kristeva sur le thème de la solitude, mille deux cents personnes sont rassemblées à Paris, dans la grande salle de l'Unesco.

Les échanges ont duré près de deux heures, dans un ton fraternel et plein d'estime entre les deux personnalités. En quoi le handicap est-il un facteur de solitude ? À quelles transformations personnelles et collectives les personnes handicapées nous appellent-elles ? Comment développer ces liens d'amitié dont nous avons tous besoin ?

Le public aussi a pu prendre la parole, poser des questions, donner un témoignage. Tout cela a donné à la soirée un caractère d'intimité, presque familial : nous étions entre amis.

Le public sort lentement de la salle, dans un brouhaha sympathique. Un homme, dont le visage est marqué par la souffrance, s'approche de moi. Les yeux un peu tristes, il me parle de sa maladie psychique, de sa solitude, de cette soirée qu'il a bien aimée, même s'il n'a pas tout compris... Au bout d'un moment, il lève les yeux, jette un regard circulaire sur la salle presque vide, s'attardant sur les fauteuils confortables, le mobilier cossu, les éclairages multicolores.

Après un silence paisible, il me dit : « *C'est beau ici, ça nous honore* ». Et il part lentement, me laissant cette phrase mystérieuse. Je ne sais pas ce qu'il a voulu dire, mais je suis sensible à ce mot « honorer » et il me vient aussitôt à l'esprit l'épître de Saint Paul aux Corinthiens, chapitre 12 : « *Les membres du corps qui sont tenus pour les plus faibles sont nécessaires. Dieu a disposé le corps de manière à donner plus d'honneur à ce qui en manque* ».

Peut-être cet homme a-t-il ressenti qu'il était un membre nécessaire de ce corps rassemblé par l'*OCH* dans cette salle ? Peut-être même a-t-il ressenti qu'il était honoré, pas seulement par les lieux prestigieux, mais par la fraternité qui a été perceptible tout au long de la soirée ? C'est mon espérance.

1- Conférence du 11 janvier 2012 donnée par Jean Vanier, fondateur de l'**Arche** et Julia Kristeva, philosophe et psychanalyste, sur le thème « *Ne reste pas seul !* ». Disponible en CD ou Mp3 à l'*OCH*.

Laisse-toi aimer

Volontaire dans un foyer pour personnes handicapées que j'ai visité récemment[1], Adrien partage avec elles le quotidien, une amitié et l'entraide. Pour lui, c'est une année de césure dans un parcours sans faille de réussite professionnelle. Il veut partager ses talents avec d'autres qui en ont besoin. Une démarche qu'il qualifie lui-même de généreuse.

Or, dans son foyer, il y a un certain Manu, au comportement difficile. Il faut sans cesse le reprendre, hausser le ton. La colère d'Adrien monte. Il avait imaginé un peu naïvement que le climat de ce foyer allait être gentil. On en est loin. Adrien a beau développer des stratégies pour que Manu s'adapte mieux, rien n'y fait. Pire, Manu va de plus en plus mal, au point qu'il est question de lui faire quitter le foyer. Pour Adrien, habitué à réussir, c'est un échec douloureux.

À chaque tension cependant, Manu revient toujours vers lui, avec ces mots : « *J'ai fait une bêtise, mais est-ce que tu restes mon ami ?* ». Par-delà son acquiescement agacé, Adrien commence à comprendre que la vraie question de Manu est : « *Je n'ai rien pour me faire valoir, mais suis-je aimable à tes yeux tel que je suis ?* »

En lui-même, il réalise à cet instant qu'il porte exactement la même question, à une différence près : « *Suis-je aimable tel que je suis, ou est-ce par mes succès que je mérite l'amitié ?* ». Manu ne lui donne-t-il pas son amitié sans condition ? C'est pour Adrien une expérience de libération. Dans cette relation rugueuse, Manu lui apprend à se laisser aimer tel qu'il est.

Aujourd'hui la performance, l'apparence, semblent prendre toute la place. Pas facile de se croire aimable sans condition. Les personnes handicapées font l'expérience douloureuse du dépouillement des apparences. Elles nous enseignent ainsi le chemin pour nous laisser aimer tels que nous sommes… tels que Dieu nous aime !

1- Ce foyer est membre du **Groupe de Liaison Saint Joseph** qui, sous l'égide de l'*OCH*, réunit une vingtaine d'associations. Toutes ont fondé ou ont en projet de fonder un foyer pour personnes handicapées mentales adultes, avec une double dimension : une identité et une vie chrétiennes, une dimension et une dynamique familiales.

Vive l'interdépendance !

Après de nombreuses années en foyer, Luc – qui a un handicap moteur – a voulu être indépendant et vivre dans un studio. Il s'est battu pour cela, allant lui-même frapper aux portes des bailleurs, essuyant maints échecs, et repartant toujours de l'avant. Une belle preuve de persévérance, qui a fini par payer. Il a enfin pu emménager dans un studio. Un jour où je le visite plusieurs mois après, il me dit tristement : « *Je suis autonome, mais je suis seul* ».

Aujourd'hui, l'autonomie est un mot très en vogue au cœur des revendications et des plans d'action concernant les personnes handicapées, il revient comme un objectif incontournable, majeur...

Être autonome, – c'est-à-dire « *être régi selon ses propres lois* » – selon le dictionnaire, est certes un objectif légitime de vie. Mais faut-il en faire une valeur absolue, une finalité, souvent confondue avec l'indépendance ? « *Moins j'ai besoin des autres, mieux je me porte* », pense-t-on spontanément. Pas sûr pourtant... Car cela conduit trop souvent à la perte du lien social. Luc en a fait l'amère expérience, et fort de son constat, nous avons cherché avec lui les voisins et les amis avec qui il pourrait tisser des liens tout en restant dans son studio.

Somme toute, par leur vulnérabilité, les personnes handicapées nous rappellent un principe simple : nous avons fondamentalement besoin les uns des autres. Elles nous apprennent que la véritable autonomie, c'est de savoir demander à l'autre l'aide dont j'ai besoin, et réciproquement ! Elles nous invitent à reconnaître que nous sommes interdépendants. En réalité, *« plus nous avons besoin les uns des autres, mieux nous nous portons tous ! »*

Dietrich Bonhoeffer, pasteur allemand qui paya de sa vie sa résistance au nazisme, disait : *« Toute communauté doit savoir que ce ne sont pas seulement les faibles qui ont besoin des forts, mais que même les forts ne sauraient vivre sans les faibles. »*[1]

1- *« Introduction à la vie communautaire »* D. Bonhoeffer, DDB

La fragilité dans l'entreprise, un bénéfice ?

Lors d'un colloque sur l'emploi des personnes handicapées auquel je participais il y a peu, une femme paraplégique prend le micro pour crier sa colère : « *J'en ai marre de la charité ! Ce que je veux, c'est qu'on me donne les moyens de me battre à armes égales.* » Et de réclamer avec force les accessibilités nécessaires.

J'ai été touché par ce cri. Cette femme avait sans doute été blessée par des attitudes, peut-être généreuses, mais maladroites et humiliantes, qu'elle rangeait sous ce terme de charité. Un terme pourtant si beau !

Mais cette revendication de pouvoir se battre à armes égales m'a aussi interpelé. Sans doute est-elle à l'image de ce que trop souvent nous percevons de l'entreprise : un monde dur, qui réussit aux forts, et dont les plus fragiles sont écartés. Un monde angoissant, car si aujourd'hui je m'en sors, qu'en sera-t-il demain si je traverse moi-même un épisode de maladie ou de dépression, que je suis victime d'un accident, ou que je me retrouve au chômage...?

Favoriser l'emploi des personnes handicapées est un devoir de justice. Mais je crois profondément que c'est surtout une chance pour l'entreprise : découvrir que vulnérabilité et performance économique font bon ménage. Trop souvent, le monde du travail est conçu comme la seule juxtaposition d'individus compétents qui n'ont pas le droit d'être fragiles.

Or, la réalité est tout autre : la fragilité fait partie de la vie et doit pouvoir se partager au même titre que la force. Accueillir une personne handicapée, avec sa compétence certes, mais aussi avec ses limites, c'est permettre aux autres salariés de reconnaître aussi leurs propres faiblesses.

Un chef d'entreprise qui avait réintégré un de ses salariés après un grave accident de moto me disait combien cela avait profité à sa société : « *Quand cet homme est revenu avec son fauteuil roulant et de grosses séquelles dues à un traumatisme crânien, j'étais un peu inquiet mais finalement, nous lui avons trouvé une fonction sur mesure. Et étonnamment depuis, mon entreprise marche mieux ! La solidarité qui s'est créée autour de cet employé handicapé a tissé des liens solides entre les membres du personnel. Je constate en fin de compte plus de cohésion, et même... plus de performance !* » Alors oui, la fragilité dans l'entreprise n'exclut pas la rentabilité !

Invite les aveugles, les boiteux, les pauvres...

Dans un reportage sur les personnes âgées vivant à domicile, on pose la question suivante à une très vieille femme devenue handicapée : « *Qu'attendez-vous de votre auxiliaire de vie qui passe chaque jour ?* » Je m'attendais à ce qu'elle réponde : « *les courses, le ménage, sortir un peu...* ». Mais au bout de quelques secondes, elle répond : « *Oooh ! De l'affection. À mon âge, on n'a plus que ça !* »

Je me suis dit alors que si on avait interrogé un nourrisson dans les bras de sa maman, et s'il avait eu les mots pour le dire, il aurait répondu avec la même gravité : « *Oooh ! De l'affection. À mon âge, on n'a encore que ça !* »

Oui, mystérieusement, le grand vieillard, devenu très vulnérable, a la même soif que le nourrisson dont la fragilité est si évidente : l'affection, l'amitié, la communion, sont les seules choses qui comptent vraiment. Cette relation intime où je suis quelqu'un pour quelqu'un d'autre, sans aucune autre raison que celle-ci :

« *Parce que c'était lui, parce que c'était moi* ». Dans la grande vulnérabilité, seules l'affection et la communion se donnent et se reçoivent encore.

Je ne suis pas sûr qu'en devenant adulte, cela change beaucoup. Mais on est parfaitement capable de l'oublier, et de se laisser encombrer par tant de choses ! Le savoir, le pouvoir, le statut social, les biens matériels, les mondanités, l'activisme peuvent envahir nos vies au point de nous faire oublier notre vocation profonde à la communion. C'est l'histoire du jeune homme riche dans l'Évangile qui voudrait suivre Jésus mais qui renonce : ses grands biens sont une prison pour lui, comme ils peuvent le devenir pour chacun d'entre nous.

C'est pourquoi nous avons besoin de nous lier d'amitié avec des personnes vulnérables. Agées, handicapées ou dépendantes. Des personnes qui nous rappelleront sans cesse, à l'image de cette vieille femme, que nous sommes faits pour la communion. Qui nous la demanderont même. Et cela nous rendra heureux !

D'ailleurs, Jésus nous le promet clairement : « *Si tu donnes un festin, invite les estropiés, les aveugles, les boiteux, les pauvres et tu seras heureux !* »(Lc 14,13).

La fraternité, au secours de nos faiblesses

Je voudrais revenir sur le film *Intouchables*[1], qui nous a fait tant de bien, personnellement et collectivement... Pourquoi ce bienfait finalement ? L'histoire en elle-même n'a rien pour réjouir les cœurs ! Cloué dans un fauteuil roulant, ne pouvant plus remuer que la tête à la suite d'un accident, Philippe, un riche aristocrate, engage comme aide à domicile un jeune de banlieue, Driss, tout juste sorti de prison, lui aussi enfermé, à sa manière, dans la cité et ses méfaits.

Rien n'aurait pu réunir Philippe et Driss dans une vie « normale ». Et pourtant, l'un et l'autre se sont découvert une humanité commune. Ils avaient besoin l'un de l'autre, dans leurs fragilités respectives : le handicap pour Philippe, la marginalité pour Driss. Leur amitié va les transformer, et transformer ces fragilités en avantage. Ils s'aident mutuellement à sortir de leurs environnements qui les étouffent, pour entrer dans une relation qui les nourrit. Ensemble, ils passent de la survie à la vie !

Cette histoire nous touche d'autant plus qu'elle est véridique. Mais peut-être aussi dit-elle quelque chose de notre aspiration profonde : la fraternité ! Cette fraternité si concrète qui nous pousse à redécouvrir les racines de notre humanité commune...

De nombreuses initiatives aujourd'hui font aussi le pari d'oser cette fraternité. C'est le cas de l'association Simon de Cyrène[2] qui développe depuis plusieurs années des lieux de vie communautaire pour adultes valides et handicapés (suite à des lésions cérébrales, traumatismes crâniens, accidents vasculaires cérébraux...). Dans ces « *maisons partagées* », les colocataires vivent une relation d'amitié et d'entraide suivant l'intuition de départ de Laurent de Cherisey, responsable du projet pour qui : « *les liens de fraternité les plus solides se tissent dans l'alliance de nos vulnérabilités.* »

1- Le film **Intouchables**, réalisé par Olivier Nakache et Éric Toledano, avec François Cluzet et Omar Sy, sorti le 2 novembre 2011.
2- L'association **Simon de Cyrène**, suscitée et soutenue par l'*OCH*, accueille aujourd'hui 70 personnes, dont 35 personnes handicapées et 35 personnes valides. *www.simondecyrene.org*

Témoins privilégiés d'humanité

Bienheureux Jean-Paul II (1920-2005) qui a révélé au monde combien la puissance de Dieu se manifestait dans sa faiblesse ! À la fin de son pontificat en effet, il est descendu peu à peu dans les tourments de la maladie, avec courage, sans se cacher. Rappelons-nous son visage déformé par la souffrance, son corps de plus en plus rigide et sa bouche paralysée, qui continuait pourtant de nous adresser des messages d'espérance... Il ne s'est jamais soustrait aux regards, se donnant jusqu'au dernier jour, offert à tous, à la fenêtre de son appartement...

Nous avons été tentés de détourner nos regards, nous interrogeant parfois sur le sens de cette agonie exposée. Certains réclamaient sa démission. Parfois même sa mort, à demi-mot, pour son bien évidemment ! Au fond, de la même manière que les disciples de Jésus se sont détournés de Lui quand il est entré dans le tourment de sa Passion...

Marie-Hélène Mathieu accompagnée de l'équipe de l'*OCH*, a reçu un témoignage extraordinairement touchant de ce Pape, quelques mois avant sa mort. Arrivée devant lui, elle se baisse pour s'incliner. Lentement, difficilement, le Pape soulève alors son bras, et caresse délicatement la joue de Marie-Hélène. Tout est dit dans ce geste. Jean-Paul II, devenu si vulnérable, ne peut plus parler, ni même sourire. Il offre l'essentiel, c'est à dire lui-même, sa fragilité, son corps blessé, mais aussi sa tendresse, son amour. Sa main devient alors bénédiction de Dieu. Elle incarne cette prière que l'on aime tant chanter dans les foyers de l'Arche : « *Seigneur, bénis-nous de la main de tes pauvres.* »

Beaucoup de personnes handicapées se sont reconnues dans ce Pape devenu si faible ; elles se sont aussi senties appelées lorsqu'il leur a dit : « *Les personnes handicapées sont des témoins privilégiés de l'humanité. Elles peuvent enseigner à tous ce qu'est l'amour qui sauve, et elles peuvent devenir des messagers d'un monde nouveau, non plus dominé par la force, par la violence et par l'agressivité, mais par l'amour, la solidarité, l'accueil.* »

- II -

ÉCLAIRER LES ENJEUX ÉTHIQUES

« *À priori* trisomique, *a priori* malheureux », pour en finir avec les préjugés…

Lorsque le handicap est détecté in utero, 96% des bébés trisomiques ne naissent pas. Ce chiffre est connu, mais il ne diminue malheureusement pas. Certains même s'insurgent contre ces 4% qui naissent quand même, si l'on se souvient de la remarque d'un député au moment de la révision des lois bioéthiques.

Les raisons sont connues : les méthodes de détection se multiplient, de plus en plus simples, toujours plus tôt au cours de la grossesse. Les médecins sont d'ailleurs contraints de les proposer par la loi, mais aussi par la crainte de se voir un jour reprocher devant un tribunal d'avoir manqué à leur devoir d'information. La France détient ainsi le record mondial du dépistage anténatal de la trisomie, mais aussi celui de l'interruption de grossesse.

En dépit des alertes de toutes parts devant cette politique eugéniste, rien ne semble bouger, tant sont tenaces les a priori : « *Cet enfant sera malheureux, vous serez malheureux, ses frères et sœurs aussi...* » Difficile, pour les parents, de résister. Comment ne pas être déstabilisés par un tel pronostic ?

Une enquête récente parue dans le très sérieux *American Journal of Medical Genetics*[1] vient contredire magistralement cet *a priori*. Pour une écrasante majorité de deux mille parents interrogés, ils se déclarent heureux de leur choix d'avoir gardé leur enfant trisomique. Ils indiquent que leur fils ou leur fille sont pour eux source d'amour et de fierté. De même, une tout aussi large majorité des fratries dit que sa relation avec leur frère ou sœur trisomique est positive. Cette expérience les a rendus meilleurs. Oui, meilleurs ! C'est aussi notre expérience à l'*OCH* quand les familles ont bénéficié d'un véritable soutien de leurs proches.

Le Général de Gaulle disait, à propos d'Anne, sa fille trisomique :

« *Anne ? Oui, sa naissance a été une épreuve pour ma femme et pour moi. Mais, croyez-moi, Anne est ma force. Elle m'aide à demeurer dans la modestie des limites et des impuissances humaines ».*

Comment faire pour que cette information parvienne enfin aux oreilles des médecins, des parents, des décideurs ? Qu'au lieu d'annoncer une vie de malheurs imaginés, on puisse parler en bien des enfants trisomiques.

1- BIOEDGE (Michael Cook) 01-10-2011

Affaire Perruche,
quand la justice s'acharne

Nous avons tous en mémoire l'affaire Perruche[1] : Nicolas, un jeune homme handicapé, obtient en justice d'être indemnisé par la clinique où il est né. Le médecin est condamné, non pour avoir provoqué le handicap mais simplement parce qu'il ne l'a pas détecté in utero. Le préjudice pour Nicolas est donc celui d'être en vie !

Aussitôt, l'affaire suscite une vive émotion. Chez les personnes handicapées en premier lieu, dont la vie même est mise en cause. Chez leurs parents aussi, qui pourraient se voir accusés un jour, par leurs propres enfants, de les avoir laissé naître. Chez les médecins enfin, conduits à susciter des avortements de précaution pour se prémunir d'éventuelles poursuites... Le Parlement vote alors, en 2002, la loi Kouchner. Le principe étant d'interdire toute action en justice pour « *préjudice du seul fait d'être né* ». Ouf ! Les conséquences dramatiques de l'affaire Perruche sont éteintes. Définitivement ! Plus personne ne pourra demander indemnisation pour le fait d'être en vie.

Mais hélas, par une décision du 15 décembre 2011, la cour de cassation a considéré que toutes les personnes nées avant la loi Kouchner pouvaient aller en justice. Ainsi, jusqu'en 2030, pourra-t-il y avoir des procédures d'indemnisation pour le seul fait d'être né... Naître est une faute lorsqu'il y a handicap !

On s'acharne là, comme on s'acharne d'ailleurs à éliminer les enfants trisomiques avant la naissance. Et comme on s'entête maintenant à rendre possible l'euthanasie... Ne faut-il pas voir là une grande souffrance de notre société post-moderne ? La fragilité et la dépendance affectent tant notre image, notre dignité, qu'elles sont devenues un problème insupportable. Et pour éliminer ce problème, nous éliminons la personne. Une forme d'automutilation collective en sorte, signe de désespérance. Et si la question essentielle à poser était plutôt : « *Quelle est la source de notre dignité humaine ?* ». Notre chemin d'espérance passe par notre réponse.

1- Par un arrêt du 17 novembre 2000, la Cour de cassation déclare : « *dès lors que les fautes commises par le médecin et le laboratoire ont empêché Mme Perruche d'exercer son choix d'interrompre sa grossesse et d'éviter la naissance d'un enfant atteint d'un handicap, ce dernier peut demander la réparation du préjudice résultant de ce handicap.* »

Au nom du « *préjudice moral* »

Suite et conséquence
de l'*Affaire Perruche...*

Une maternité de Nancy est poursuivie par un couple pour « *préjudice moral* ». Elle a refusé de pratiquer une interruption médicale de grossesse (IMG). La jeune femme était enceinte de plus de cinq mois et la fillette attendue n'avait pas d'avant-bras gauche.

Le couple demande donc l'IMG. Par deux fois, elle est refusée. Les médecins considèrent que l'anomalie n'est pas assez grave (l'IMG ne peut être envisagée que s'il existe une forte probabilité d'affection reconnue incurable).

La petite fille est née en mars 2009. Depuis : plainte, rejet, appel se succèdent, et la procédure se poursuit. Les parents demandent cinquante mille euros pour les préjudices subis. Je ne connais rien de leur situation familiale, et de toute façon, nous n'avons pas à juger. Mais nous pouvons nous indigner devant tant de violences…

Violence à l'encontre de cette petite fille de quatre ans : comment comprendra-t-elle plus tard que ses parents auraient préféré qu'elle ne soit pas née ? Cette longue action en justice sera là pour le lui rappeler. Comment déployer sa vie quand celle-ci est déclarée « préjudiciable » par ses propres parents ? Car les médecins n'ont commis aucune faute. Ils n'ont pas causé le handicap. Ils ont seulement considéré qu'il n'était pas assez grave pour interrompre la vie.

Violence à l'encontre des médecins, à qui on demande d'estimer si l'affection est suffisamment grave ou non, avec à la clef un droit de vie ou de mort. Imaginez les dérives encore plus grandes s'ils sont condamnés !

Finalement, violence à l'encontre des parents eux-mêmes, malgré leur rôle d'acteurs. En leur donnant cette possibilité de demander une IMG, on les met devant un choix qui ne devrait jamais exister !

Face à ce scandale à nous d'œuvrer en donnant les moyens pour que toute vie soit accueillie, quel que soit son handicap ! Que les médecins soignent au mieux de leurs possibilités et que les parents trouvent les amitiés, l'accompagnement et les aides dont ils ont besoin. C'est le vœu et l'action de l'*OCH* depuis cinquante ans, et ça continue !

Halte à la stérilisation forcée

Si les cas de stérilisation sont désormais monnaie courante dans de nombreux foyers accueillant des personnes handicapées, on oublie parfois combien cette pratique atteint la personne dans son intimité et même, dans son identité.

L'une des premières affaires rendues publiques remonte aux années quatre-vingt-dix. Cinq femmes handicapées mentales, travaillant dans un Centre d'Aide par le Travail, ont été stérilisées. Certes, l'histoire date un peu mais j'y reviens néanmoins car son déroulé est choquant de bout en bout et malheureusement, guère différent des méthodes imposées aujourd'hui…

D'abord, la ligature des trompes n'est-elle pas en elle-même une mutilation inacceptable à l'heure où l'on se mobilise partout contre les violences faites aux femmes ? D'autant que c'est à leur insu qu'elles ont été opérées. On leur a dit qu'elles avaient l'appendicite alors qu'on les stérilisait. Terrible mensonge de la part de personnes dont elles pouvaient attendre de la bientraitance.

L'action judiciaire, ensuite, est complexe et douloureuse car ces femmes sont sous tutelle : elles ne peuvent agir en justice sans leur tuteur. Une seule d'entre elles a été entendue par le juge, et cela en présence du personnel impliqué dans la stérilisation. On imagine ce que cela représente pour la victime, d'autant plus vulnérable qu'elle est handicapée et qu'elle retrouvera le personnel dans son établissement le lendemain.

Un premier non-lieu a été rendu. Motif ? « *La preuve d'une politique eugéniste n'a pas été apportée, et les stérilisations ne sont pas irréversibles* ». La violence qu'ont subie ces femmes est niée ! La Cour Européenne des Droits de l'Homme a été saisie. La France pourrait être condamnée pour que ces femmes soient enfin reconnues comme victimes. Mais aussi pour que les personnes handicapées sous tutelle puissent à l'avenir agir en justice sans dépendre de leur tuteur. Car celui-ci peut parfois lui-même couvrir des actes malveillants.

En 2001, une loi a été votée, qui prévoit la stérilisation des personnes handicapées sous tutelle. Une formule du texte fait particulièrement frémir : « *son consentement doit être systématiquement recherché* ». Quand on sait qu'il s'agit de personnes vulnérables qui doivent répondre à des personnes ayant autorité sur elle, où est la liberté de consentir ?

L'*OCH* s'était opposé vivement à ce projet de loi, qui avait été voté, soi-disant pour encadrer les dérives. Or aujourd'hui, sous couvert de cette loi, on continue de mutiler des personnes handicapées mentales, et rien que cela, c'est déjà une dérive !

Pour aller plus loin : « *Homme et femme, Dieu les fit* » Jean Vanier, Presses de La Renaissance

Face aux médecins

Paul et Bertille ont quatre enfants. Au cours de la grossesse du troisième enfant, ils apprennent que leurs deux aînés sont porteurs d'une maladie génétique grave. Cette nouvelle est un séisme. Les questions se succèdent : Pourquoi nous ? Comment organiser la vie quotidienne ? Peut-on s'autoriser à avoir d'autres enfants ? Seront-ils atteints ?

Progressivement, ils apprennent à vivre avec ces questions souvent sans réponse. Chaque jour apportant ses peines et ses joies, la famille s'agrandit, avance, bien soutenue par la foi et les amis.

Les voilà convoqués un jour par un professeur de génétique, avec leurs enfants. Le rendez-vous a lieu devant tout un groupe d'internes et d'infirmiers... Impressionnant ! Le professeur explique qu'il voudrait faire des analyses génétiques sur tous les membres de la famille afin de faire progresser la recherche. Paul, lui-même infirmier, est a priori ouvert. Par curiosité professionnelle, il interroge sur le but poursuivi.

Peu à peu, au fil des réponses parfois agacées du praticien, la chose se précise : il s'agit d'être capable de détecter les enfants porteurs de cette maladie in utero, ce qui permettra à la maman de pratiquer une interruption médicale de grossesse (IMG).

Paul est déstabilisé. Rassemblant tout son courage, il finit par dire de la façon la plus douce : « *Professeur, si j'accepte que mon sang soit prélevé pour cela, j'aurai le sentiment de dire à mes enfants que si j'avais su leur maladie, ils ne seraient pas nés. Je ne peux pas leur adresser ce message* ». Exaspéré, le professeur de médecine lui enjoint alors brutalement de sortir avec sa famille.

Sept ans plus tard, alors qu'il consulte un chef de clinique pour ses enfants, celui-ci le reconnaît et lui dit : « *J'étais dans le groupe qui entourait le professeur. J'ai été marqué par votre courage et votre réponse. Elle m'a fait beaucoup réfléchir. Mais quel est votre secret ?* ». Paul comprit alors que Dieu, dans la tendresse de son accompagnement quotidien, lui manifestait avec sept ans de recul qu'il avait eu raison de répondre ainsi.

Oscar Pistorius,
la science mise en question

Il y a peu de temps, Oscar Pistorius, le célèbre athlète sud-africain handicapé, est accusé du meurtre de sa fiancée. Celle-ci envisageait semble-t-il, de le quitter.

Il n'est pas question ici d'émettre un quelconque jugement sur cette triste histoire... Seulement, si je reviens dessus aujourd'hui, c'est parce qu'Oscar Pistorius contient à lui seul, dans son expérience du handicap, des enjeux fondamentaux qui nous concernent tous (en particulier les chercheurs) et qui tiennent en trois formules : « *l'homme réparé – l'homme augmenté – mais l'homme fragile* ».

Enfant, Oscar Pistorius a été amputé des deux jambes. Il apprend à marcher avec des prothèses, et fait du sport. Commence alors la carrière sportive qu'on lui connaît : il enchaîne les victoires. C'est *l'homme réparé*. Les progrès de la science permettent déjà ainsi à de nombreuses personnes handicapées d'être « réparées » de certaines déficiences : un bras artificiel commandé par la pensée, un implant cérébral qui neutralise le tremblement de Parkinson, et tant d'autres applications dont il faut se réjouir.

Mais les performances d'Oscar Pistorius sont telles qu'il se qualifie aux jeux olympiques. En concurrence avec des athlètes valides, il accroche les meilleurs. La question devient inévitable : « *N'est-il pas augmenté par ses prothèses en carbone ?* ».

Aujourd'hui, de nombreuses pistes très sérieuses sont en travail pour augmenter l'homme : la main bionique superpuissante, la télécommande mentale pour des appareils externes, les puces cérébrales ou sous cutanées qui augmentent la mémoire... *L'homme augmenté* s'annonce, qui peut faire toujours mieux et plus vite. Monique Atlan, journaliste, s'enthousiasme : « *L'homme augmenté, c'est réduire les inconvénients de la fragilité humaine* ».

Est-ce si sûr pourtant ? Oscar Pistorius, même réparé, même augmenté, n'en est pas moins fragile. Certes, il a dépassé tous les obstacles, il a réussi à gommer le handicap apparent, mais pas la fragilité de sa personne. « *En lui annonçant son départ, sa fiancée a réveillé cette fragilité due à son handicap* », suggère le psychiatre Marcel Rufo.

Dans ce drame, Oscar Pistorius nous rappelle qu'augmenter l'homme n'est en rien devenir plus humain. Paradoxalement, plus la science nous donnera les moyens d'augmenter l'homme, plus nous devrons mettre la fragilité au cœur de nos relations humaines. Car c'est bien dans ce travail de consentement et de partage de nos fragilités humaines que nous devenons plus humains. Bergson ne disait-il pas : « *Le corps agrandi attend un supplément d'âme* »[1] ?

1- *Les deux sources de la morale et de la religion*, Bergson, P.U.F., 1984

Y a-t-il un droit à la sexualité ?

« *Militer en faveur d'un accès à la vie affective et sexuelle des personnes majeures en situation de handicap, notamment à travers la création de services d'accompagnement sexuel* », tel est l'objectif que s'est fixé l'association CH(s)OSE (Collectif Handicaps et sexualités OSE) depuis sa création en 2011.

Partant du postulat que la sexualité est un droit universel, il s'agit de créer un métier d'assistant sexuel (payé, formé, encadré), qui serait chargé de procurer un plaisir sexuel à une personne handicapée... Une forme de prostitution d'État, puisqu'il y aurait prestation contre rémunération, certains réclamant même sa prise en charge par les pouvoirs publics.

Il y a tant à dire sur cette revendication ! S'il y a bien une grande souffrance chez certaines personnes handicapées dans leur vie affective et sexuelle, il me semble toutefois que cette souffrance appelle autre chose qu'une simple manipulation corporelle technique, procurant une jouissance passagère délivrée par un professionnel ! En réalité, cette souffrance appelle un environnement qui favorise l'épanouissement de la personne - homme, femme - dans toutes ses dimensions. Rendre l'autre heureux, et recevoir son bonheur de l'autre.

C'est la formule même de « *droit à la sexualité* » que je veux interroger. La sexualité s'inscrit dans un désir et une vocation : aimer et d'être aimé. Mais la poser en termes de droit soulève d'énormes questions. On entre dans une logique très éloignée de ce qu'est l'amour, avec ce qu'il suppose de gratuité, de don. Le « *droit à la sexualité* » devient une pure expression d'un désir narcissique nécessitant un tiers pour l'assouvir.

Benoît XVI dans l'encyclique Caritas in Veritate a cette phrase remarquable et éclairante : « *Les droits individuels, détachés du cadre des devoirs, s'affolent et alimentent une spirale de requêtes illimitées et privées de repères.* »

Cette revendication dit aussi quelque chose de la soif d'aimer et d'être aimé, qui habite toute personne humaine, handicapée ou non. À nous d'être créatifs pour que ceux qui souffrent de manquer d'amour trouvent des lieux, des communautés où ils se sentiront uniques et nécessaires.

Assistants sexuels,
quelle humiliation !

« *Appel pour l'assistance sexuelle, ils disent OUI !
Et vous ?* » C'est ainsi qu'un magazine fait sa
une pour que soit autorisé le métier d'assistant
sexuel. Il s'agit d'apporter un accompagnement
sensuel et érotique, de donner un plaisir sexuel
aux personnes handicapées qui le demandent.

Il est des cris de colère qui parlent mieux que
de longs discours. Écoutez celui de Charlotte,
une jeune femme infirme moteur cérébral (IMC),
dans *Ombres et Lumière*[1] :

« *Elle est désobligeante, cette proposition, humiliante,
déshumanisante. Quel regard porte-t-on sur celui qui vit
et affronte le handicap, lorsque l'on parle d'assistanat
sexuel ? Elle n'est pas jolie, l'image que l'on voit dans le
regard de celui qui nous juge impuissant à vivre notre
sexualité et notre affectivité.*

*Parler de misère affective à notre égard n'est pas
recevable. C'est coller l'étiquette « d'incapable » sur
notre carcasse déjà bien malmenée. Incapables d'aimer
et de se faire aimer. Inaptes à séduire, attirer, plaire.*

C'est comme si on vous disait : " Laissez tomber, vous ne trouverez personne par vous-même".

Nous réduire à nos incapacités, qui sont en réalité des limites, c'est terriblement réducteur et destructeur comme vision. C'est nous refuser notre dignité. Loin d'être un moyen de rompre la solitude dont souffrent certains, on les encouragera à rester dans leur coin. On créera une dépendance du même genre que l'addiction à la pornographie. C'est tuer notre liberté.

Parce qu'on n'est pas comme tout le monde, la sexualité pour nous devrait être basée sur un contrat ? Un contrat entre celui qui achète le service et celui qui le rend ? Qui se satisferait d'une sexualité de seconde zone ? Est-il si difficile d'imaginer que comme tout homme et toute femme, nous ayons un cœur prêt à aimer, à se donner et à recevoir gratuitement ? »

Un homme handicapé de quarante-ans, sur un site Internet, ajoute ceci au sujet des assistants sexuels : « *Être handicapé, c'est vivre beaucoup d'a priori qui gênent la vie sociale, amoureuse, sexuelle. Alors n'en rajoutez pas !* »

Oui, n'en rajoutons pas !

1- **Ombres et Lumière** n°181 mai-juin 2011

L'annonce du handicap

Après deux garçons, Gaëlle et Pierre sont heureux d'accueillir Clara, la première fille de la fratrie. La joie est totale. Très vite pourtant, ils découvrent qu'il y a un problème. Le médecin leur révèle alors, aussi doucement que possible, que Clara est atteinte de spina bifida (un défaut de fermeture de la colonne vertébrale). Il s'excuse de devoir les quitter, mais promet de repasser les voir en soirée.

Une journée terrible commence pour les deux parents. Ce problème de spina bifida, dont ils ignorent tout, envahit soudain leur champ de vision. Gaëlle nous dit avoir pleuré sans arrêt ; Pierre, de son côté, part s'occuper de ses garçons, mais hurle sa colère intérieure.

Le soir comme promis, le médecin entre dans la chambre. Il prend des nouvelles de la maman, dont il ne peut que constater les yeux rougis, et échange quelques mots avec Pierre accablé. Puis, il s'approche du berceau de Clara et lui parle : « *Clara, tu as de la chance d'être née dans cette belle famille. Tu y seras heureuse. Tu recevras beaucoup d'amour de tes parents* ».

« *Ce qui nous a touchés*, disent Gaëlle et Pierre, *c'est qu'il s'est adressé à elle comme une personne qui parle à une autre personne. Alors que nous étions complètement centrés sur le diagnostic de spina bifida, ce médecin nous a remis devant une réalité : avant d'être handicapée, Clara était un enfant, notre enfant. Nous étions envahis par notre malheur, et il nous a recentrés sur la personne de Clara et l'amour qu'elle attendait de nous.* »

Le témoignage de ces parents dit bien le poids de la parole du médecin à l'annonce du handicap. Sans doute n'y a-t-il pas de bonne façon d'annoncer une mauvaise nouvelle, mais il y en a certainement de mauvaises, et parfois même certaines qui ne sont pas acceptables. Combien de fois ai-je entendu des parents dire qu'ils ont senti leur enfant condamné par une parole blessante, un évitement, une posture méprisante d'un médecin pressé de partir. Comme si cet enfant était un échec à oublier le plus vite possible.

Les parents ont avant tout besoin de se voir ouvrir un avenir. Besoin de découvrir que leur enfant est une personne à part entière, qui ne se résume pas à son handicap. Besoin de comprendre comment devenir acteurs avec leur enfant. Il est urgent aussi que les médecins soient formés à vivre et partager ce type d'épreuves pour être à la fois, compétents et humains.

Jacob et le serment d'Hippocrate

Été 2011, en Angleterre. Jacob, grand prématuré né à vingt-trois semaines seulement, rentre chez lui après cinq mois d'hôpital, pour la plus grande joie de ses parents.

Alors que sa maman était enceinte de jumeaux, elle avait d'abord perdu une petite fille à vingt et une semaines, à la suite d'une infection. Lourde épreuve. Aussitôt les médecins lui conseillent d'avorter de l'autre jumeau, certains qu'il ne survivrait pas non plus à l'infection. Les parents devaient décider de prendre, ou non, une pilule qui arrêterait son cœur. Deuxième épreuve, encore plus terrible, choix impossible de devoir décider de la perte de son second enfant, juste après avoir perdu le premier.

Heureusement, c'est Jacob qui a choisi. Il est né la veille du jour où ils devaient rendre leur décision. Il pesait alors 567 grammes. Mais cinq mois plus tard, c'est lourd de plus de trois kilos qu'il franchissait le seuil de sa maison. « *Cela paraît surréaliste, nous n'arrivons pas à croire que les médecins nous aient demandé d'avorter* », témoignent les parents.

Cette histoire éprouvante, qui finit si heureusement, nous rappelle combien humainement, professionnellement, moralement, le médecin doit rester celui qui pose les gestes qui sauvent, qui réaniment, qui enlèvent la douleur.

Même si l'enfant a peu de chances de survivre, le médecin doit lui donner le temps, le temps de vivre – ce qu'a choisi Jacob – le temps de partir le cas échéant, car c'est vrai, Jacob aurait dû ne vivre que quelques heures.

Mais alors, il aurait eu le temps de révéler son visage. Son corps tel qu'il est nous aurait été offert pour qu'il s'inscrive dans notre histoire. Il se serait installé dans la mémoire de la famille, il aurait eu une reconnaissance, un nom. Dès sa conception, cet enfant appartient à notre humanité. Et pour nous croyants, il entre dans l'éternité divine.

La vie, féconde jusqu'au bout

Édith a une maman très âgée atteinte d'une maladie neuro-dégénérative, qui la plonge peu à peu dans la dépendance. Elle l'accompagne de son mieux, découvrant jour après jour la complexité des sentiments qui l'assaillent : impatience, tendresse, culpabilité, découragement, espoir...

La voir décliner est une épreuve douloureuse. Les nuits d'Édith sont envahies de questions sans réponses : « *Pourquoi cette déchéance ? Jusqu'où l'humiliation ? Que de renoncements, de souffrances. Quel sens à tout cela ?* »

Heureusement, quand elle visite sa maman, les questions s'effacent, au profit d'une relation nouvelle, plus spontanée. Une présence qui se manifeste de plus en plus par le toucher : « *Nous n'avons jamais été très câlins dans ma famille et pourtant je me surprends à serrer Maman dans mes bras. Elle qui fut mon pilier toute ma vie, la voilà si petite !*»

Édith lave son corps devenu fragile, l'entoure de soins et prend peu à peu toute la mesure de la personne de sa maman, de son cœur profond. « *L'essentiel est dans les gestes, les regards, les silences paisibles, les confidences aussi. Car l'état de Maman ne m'empêche pas de lui faire des confidences.* » Elle découvre aussi que, lorsqu'elles prient ensemble, il y a un apaisement qui vient de l'intérieur, comme si Jésus aimait à venir se reposer là. C'est toute une leçon de vie qu'Édith découvre avec sa vieille maman : à son service, elle comprend combien la dignité humaine est inaltérable ; combien la vie, même réduite à de faibles capacités, peut être féconde !

Dans son rapport sur la fin de vie[1], le Professeur Didier Sicard cite en première page : « *On pense que ce sont les vivants qui ferment les yeux des mourants, mais ce sont les mourants qui ouvrent les yeux des vivants* ». Cela illustre bien le changement de regard auquel nous sommes tous conviés dans nos relations avec nos proches en fin de vie : par-delà les souffrances, vieillir et mourir est un chemin de vie. Édith en témoigne à sa manière.

1- Rapport de la « *commission de réflexion sur la fin de vie* » remis à François Hollande le 18 décembre 2012.

Vieillesse interdite

C'est dans la tranche d'âge des plus de quatre-vingt-cinq ans que le taux de suicide est le plus élevé. Oui, c'est chez les vieillards qu'on se suicide le plus ! Dans l'indifférence générale... Comme si cela ne scandalisait personne. Pire, les échanges sur l'euthanasie continuent de se développer, donnant le suicide pour seule perspective à ces personnes en manque d'espérance : « *Vous avez raison, votre vie n'a pas de sens, mieux vaut mourir* ».

Forts de ce constat, posons-nous la question de la place que notre société accorde encore aux personnes âgées... Comment les accueillons-nous ? En quelques décennies, il semble que notre représentation du grand âge ait radicalement changé : le vénérable vieillard expérimenté et sage s'est transformé en un vieux radoteur, en marche vers la sénilité et la dépendance, et qui coûte cher à la sécu ! La vieillesse fait peur, on la cache, on la beurre de crème anti-rides... Une chose est claire aujourd'hui : il est interdit de vieillir.

C'est aussi l'avis du docteur Maisondieu, psychiatre, qui, dans Ombres et Lumière[1], décrit sans complaisance cette situation dramatique des vieillards. « *Ne vieillir qu'à contre cœur, en luttant pied à pied pour n'être ni repoussants, ni repoussés. (...) Quoi d'étonnant à ce que dépression et suicide soient leur lot ? Quoi de plus urgent que de changer notre regard sur les vieux ? Ce sont des êtres humains, des frères, pas moins ni plus mortels que les jeunes !* ».

Se reconnaître frères partageant une humanité commune, être présents les uns aux autres. Pour vieillir heureuse, la personne âgée a besoin de continuer à se sentir utile, à donner et à recevoir. Or, toute personne qui approche de sa propre mort a quelque chose à dire sur ce qu'est vivre. Mais « *Y a-t-il quelqu'un pour recueillir mon message de vie ?* » Voilà la question que nous posent les vieillards à travers ce drame du suicide. Paradoxalement, c'est une question de vie et non de mort qu'ils lancent à la société. Car vieillir est un moment de la vie ! Un temps où nous avons à découvrir que dans la petitesse accueillie, le cœur peut s'épanouir.

Et pour nous chrétiens, vieillir est un temps pour faire place à Jésus. En devenant de plus en plus en plus faibles, les personnes âgées se préparent - et nous préparent – au passage final dans les bras du Père qui nous accueillera par ces mots : « *Tu es mon fils – ma fille – bien aimé(e) en qui j'ai mis toute ma joie* » (Mc 1,11).

1- ***Ombres et Lumière*** N°173 janvier-février 2010

L'euthanasie, dictée par nos peurs

À nouveau mise en débat et défendue au nom du « *droit à mourir dans la dignité* », la question de l'euthanasie a tout l'air de vouloir s'immiscer en France comme une réalité. Malheureusement.

Car elle témoigne de deux angoisses majeures de notre temps liées à la vieillesse : celle de la mort certes, mais aussi et surtout celle de la grande dépendance. Combien de fois avons-nous entendu, ou peut-être avons-nous dit nous-même : « *Pourvu que je ne perde pas la tête* ». Ou encore : « *Je ne veux pas peser sur mes proches* ». Souvent aussi, mais du bout des lèvres : « *J'aimerais ne pas être abandonné de mes proches.* » Peur de perdre ses facultés mentales, d'être un poids, d'être abandonné... La voie semble bien étroite.

Ces peurs deviennent alors mauvaises conseillères. À l'aune de nos sentiments, nous en venons à penser que nos proches en perte d'autonomie sont tellement malheureux qu'il faut tout faire pour leur épargner ce passage. Pourquoi pas l'euthanasie ? Émergerait alors une autre peur encore plus terrible : dois-je me méfier de mes proches, de mes soignants, de ceux en qui j'aimerais avoir toute confiance ? Ils pourraient se saisir plus ou moins consciemment de tout pleur ou de tout découragement, bien légitime dans ce difficile passage, pour interpréter cela comme un désir de mort.

Non, il n'y a qu'un chemin personnel et collectif pour affronter la grande dépendance : recevoir le message de vie que la personne adresse jusqu'au bout. Ainsi, je me rappelle Geneviève, une personne handicapée mentale qui avait une grande capacité relationnelle. Avec le grand âge, elle est devenue très angoissée. Les jeunes qui l'accompagnaient passaient de longues heures auprès d'elle, lui tenant la main, présents, simplement présents. Parfois quand l'angoisse montait, ils se serraient contre elle, et elle semblait trouver un peu de paix.

Chacun à leur manière, ces jeunes me disaient : « *Geneviève me fait du bien, elle me donne vie* ».

Étonnant, alors même qu'elle s'affaiblissait de jour en jour... En fait, dans sa vulnérabilité, elle révélait à ses proches notre vocation commune : donner sa vie à l'autre et recevoir sa vie de l'autre, jusqu'au bout. Elle est là, la dignité de l'homme !

- III -

SOUTENIR LES FAMILLES

Le couple, à entretenir !

La vie conjugale n'est pas un long fleuve tranquille. Je dis là une évidence que chacun connaît parfois douloureusement. Tant de nos familles sont touchées par la séparation ou les conflits graves.

Mais quand un des enfants est malade psychique ou handicapé, je peux vous dire que la vie conjugale est encore plus bousculée.

Je me souviens de quinze couples rassemblés par l'*OCH* pour partager sur l'impact du handicap de leur enfant sur la vie conjugale. « *Séisme, honte, douleur, colère, division...* ». La litanie des mots est longue avant que ne commencent à surgir d'autres termes tels que : « *consentement, écoute, don de soi, confiance, amour...* ».

Dans ce lent travail de deuil et d'acceptation, les conjoints ne savent pas toujours où en est l'autre de sa révolte, de son amour pour son enfant, et même de son amour conjugal. Les causes d'incompréhension sont alors multiples. Claire en voulait à son mari d'être insensible à la souffrance de leur enfant. Mais elle ne savait pas qu'il pleurait la nuit, pensant la protéger en lui cachant ses larmes, sans savoir qu'elle en avait besoin. Paul lui, n'osait pas dire à sa femme qu'il ne supportait pas encore le corps déformé de leur fille, préférant s'occuper des tâches ménagères plutôt que de lui donner le bain, ce qu'elle prenait pour une indifférence.

C'est difficile pour un couple de sentir que le fruit de son amour – son enfant, le fait souffrir mutuellement. Faudrait-il pour autant en rendre responsable l'enfant handicapé ? Le handicap met en lumière les forces et les failles du lien conjugal. Et il rappelle une évidence pour tout couple : savoir prendre soin du lien conjugal est une priorité absolue, indispensable à l'équilibre familial.

C'est pour cela, que l'*OCH* et le *CLER*[1] organisent régulièrement des week-ends couples[2] destinés à se ressourcer, partager avec d'autres sur la réalité du handicap, et ensemble s'ouvrir ensemble au don de l'Esprit Saint, qui dans le sacrement du mariage ouvre des forces nouvelles... et durables !

1- Le **CLER Amour et Famille** est une association d'inspiration chrétienne qui intervient notamment dans des activités de conseil conjugal et familial. *www.cler.net*

2- Pour en savoir plus sur le prochain week-end destiné aux couples ayant un enfant handicapé ou malade psychique, renseignez-vous auprès de l'*OCH*.

L'invitation d'*À Bras Ouverts*

« *Ma femme et moi étions au bout du rouleau... À Bras Ouverts*[1] *nous a sauvés !* », s'exclame le papa de Cécile, une jeune fille handicapée mentale. Quelle joie en effet de pouvoir être relayés, le temps d'un week-end, par un groupe de jeunes volontaires, membres de l'association *À Bras Ouverts* désireux de passer du temps avec un autre jeune malade ou handicapé !

« *C'était la première fois que Cécile quittait la maison. Elle n'est jamais invitée nulle part d'habitude... Quand elle est revenue du week-end, elle était radieuse. Et la jeune qui l'accompagnait, après nous avoir raconté tout ce qu'elles avaient fait, nous a dit : merci de nous l'avoir confiée. Merci ? C'était bien la première fois qu'on me disait une parole positive sur ma fille. J'ai ainsi découvert qu'elle pouvait être une richesse pour d'autres, et pas seulement un problème.* »

Héliette, quant à elle, accompagne régulièrement des week-ends *À Bras Ouverts*. À chaque fois, ils sont une dizaine à partir dans une jolie maison de campagne qu'on leur prête. Le groupe fonctionne en binômes : une personne handicapée, un jeune bénévole. À force de partir ensemble, faire les courses, la route, cuisiner, se promener, chanter, jouer, ils sont devenus amis, de vrais amis.

Héliette se souvient de son premier week-end, il y a six ans : « *Un cocktail inoubliable* – dit-elle avec émotion – *un petit bonhomme joueur et têtu, des accompagnateurs expérimentés pour m'aider, une balade qui tourne en farandole. Puis en prime, la joie des parents au retour le dimanche soir. J'avais l'impression d'avoir touché un coin du ciel !* »

Voilà ce qu'apporte *À Bras Ouverts* : un coin du ciel pour Héliette dans sa vie étudiante, la joie pour Cécile d'être invitée, et le soulagement des parents qui auront pu souffler un peu... Voilà vingt-cinq ans que l'aventure se poursuit dans la joie profonde et l'amitié des personnes handicapées... Tentez donc l'expérience, c'est vivifiant !

1- L'association *À Bras Ouverts* favorise, depuis 25 ans, la rencontre entre des enfants ou des jeunes touchés par le handicap et de jeunes bénévoles lors de week-ends et séjours de vacances. Pour en savoir plus : *www.abrasouverts.asso.fr*

Frères et sœurs :
briser la loi du silence

« *Parlez, parlez, parlez ! Ne gardez pas dans le cœur des questions sans réponse !* » encourage le professeur Marie-Odile Réthoré, devant un parterre composé de frères et sœurs de personnes malades psychiques ou handicapées.

Pour bon nombre de frères et sœurs en effet, la difficulté à exprimer ce qu'ils vivent en famille est une réalité. Paul, vingt-huit ans, dont le frère est polyhandicapé, l'explique assez bien. « *Mes parents portent tellement lourd que je n'ose pas leur dire combien je souffre moi aussi. Mes amis ne comprennent pas. Je préfère d'ailleurs cacher que j'ai un frère handicapé. Dans ma famille, on me demande souvent comment va mon frère. Rarement comment je vais moi. Plusieurs fois, je me suis interdit une relation amoureuse car je me sentais coupable de vivre quelque chose que mon frère ne pourrait jamais connaître. J'en ressentais beaucoup de colère contre lui, mais ça non plus je n'osais le dire à personne. En tous cas, si finalement je me marie un jour, ce sera avec une femme qui aimera mon frère aussi. Parce que mes parents ne sont pas éternels, et je me sens responsable de lui. J'en veux à notre sœur qui a pris ses distances et avec qui je ne peux pas parler de l'avenir de notre frère. »*

Anne, dont la sœur est malade psychique témoigne aussi : « *J'aimerais que ma sœur ne soit pas la " pauvre" dont je suis chargée de m'occuper. Pas non plus une plaie dont je n'arrive pas à me débarrasser. Elle est ma sœur par le sang. Nous avons à vivre quelque chose ensemble. Cela dépend d'elle comme de moi, mais ce n'est pas facile.* »

Oui, quand on est frère ou sœur d'une personne handicapée ou malade psychique, on n'est pas porteur du handicap, mais on en est très particulièrement affecté, dans toutes les dimensions de la vie. On a besoin de lumière, car on est pris dans une confusion affective, où se mélangent les bons sentiments, le cœur compatissant, la rage, la révolte, l'aspiration au bonheur.

C'est pour sortir de cette confusion que l'*OCH* propose des journées aux frères et sœurs des personnes malades ou handicapées à Paris et dans d'autres villes de France[1]. Une journée juste entre eux, aidés par des professionnels bienveillants, pour découvrir qu'ils ont droit au bonheur. Car c'est en construisant leur propre vie qu'ils trouveront une juste place auprès de leur frère ou sœur. Et celui-ci découvrira à leur suite son propre chemin de bonheur.

1- Pour en savoir plus sur la prochaine journée destinée aux frères et sœurs d'une personne malade psychique ou handicapée, renseignez-vous auprès de l'*OCH*.

Grands-parents, devenir l'huile
qui apaise

Mireille et Henri étaient des grands-parents heureux : beaucoup d'enfants, de petits-enfants et une belle unité familiale. Mais il y a quelques années, une de leur belle-fille a accouché de Pierre, porteur d'un handicap mental. Leur rôle de grands-parents leur a soudain paru plus compliqué !

Difficile en effet d'accepter cet enfant dont le visage est marqué par le handicap. Ils n'avaient pas envie de le voir. Depuis, la culpabilité ne les quitte pas. Ils ont mis du temps à comprendre que ce n'était pas l'enfant qu'ils rejetaient, mais son handicap.

Difficile aussi de trouver la bonne relation avec leur fils et leur belle-fille. Ils portaient lourd, ils souffraient. Parfois, en voulant les aider ou les consoler, ils ont eu le sentiment de les enfoncer. Ils sentaient ce couple de plus en plus isolé dans leur famille, et n'arrivaient pas à créer le lien qu'ils auraient tellement aimé renforcer comme grands-parents...

Oui, c'est difficile d'être grands-parents d'une personne malade ou handicapée ! Marie-Hélène Mathieu, fondatrice de l'*OCH*, prenait à ce sujet l'image de l'huile qui peut, dit-elle, avoir des effets opposés : jetée sur le feu, elle propage l'incendie ; mais une simple goutte déposée sur le rouage grippé remet la machine en marche. Éviter d'attiser l'incendie et devenir la goutte sur le rouage grippé[1]? Voilà tout l'enjeu de la mission des grands-parents que nous les invitons à approfondir lors d'une journée consacrée à cette question.[2]

Il n'y aura pas de recette miracle. Seulement une attitude à discerner, à mûrir, car chaque situation est unique. L'huile est bien modeste, mais dans une lampe, elle donne la lumière, et posée sur la plaie, elle adoucit et soigne. Comme dans la Bible, où le Bon Samaritain répandant l'huile sur les blessures, signe la guérison de la victime et in fine, nous montre la voie !

1- *La lumière d'une rencontre*, Marie-Hélène Mathieu, éditions Édifa Mame.

2- Pour en savoir plus sur la prochaine journée destinée aux grands-parents d'une personne malade ou handicapée, s'adresser à l'*OCH*.

Qu'est devenu le héros
de mon enfance ?

Âgé, le père de Dorothée est atteint de la maladie d'Alzheimer. Elle en dresse un portrait émouvant dans Ombres et Lumière[1] : « *Qu'est-il devenu le héros de mon enfance ? Et depuis, le grand-père joueur et attendri de ses petits-enfants ?* »

Elle retrace ces dernières années, avec les dégradations par paliers, depuis l'apparition de la maladie. Les chutes, les hospitalisations, les égarements. Et puis cette organisation si difficile à mettre en place, toujours à modifier, car chaque jour réserve ses surprises. On se relaie pour les nuits, on s'épuise, on se dispute parfois. On se culpabilise. Et ce père, qui paraît s'éloigner toujours plus...

« *À certains moments,* – dit Dorothée – *papa semble hors d'atteinte de nos paroles, de notre affection. Je me sens désarmée devant ses larmes, son angoisse, son agressivité. Moi qui espérais une vieillesse paisible, comment ne pas me poser des questions devant cette souffrance, la sienne, la nôtre ? Qui est mon vrai père ? L'homme doux et aimant d'hier ? L'homme perdu, parfois violent d'aujourd'hui ? Que reste-t-il de sa foi, lui qui ne semble pas garder souvenir des prières qu'il aimait tant réciter ? »*

Il y a aussi ces éclaircies parfois si lumineuses : « *L'amour indéfectible de ma vieille maman pour son mari, qui pourtant ne la reconnaît plus. Les moments de lucidité où papa tout à coup me dit « je t'aime », ou encore adresse un geste de tendresse à un de ses petits-enfants. Et puis cette unité familiale, qui se renforce, par-delà les tensions.* »

Dorothée se souvient surtout de cette messe de la Sainte Famille célébrée autour de leur papa. La force de cette Parole de Dieu : « *Celui qui honore son père aura la joie de ses enfants... Même si son esprit l'abandonne, ne le méprise pas, toi qui es en pleine force* » (Si, 3, 5 et 13). « *Dieu redonnait sa place à notre père* – dit Dorothée – *Il le revêtait de Sa dignité, Il était présent dans sa faiblesse et dans notre incompréhension.* »

Et Dorothée de conclure : « *Respecter la vie dans ce qu'elle a de moins séduisant nous entraîne à ouvrir davantage notre cœur* ». Le cœur profond...

N'est-ce pas ce qui reste quand tout semble disparaître ? Du papa fort et tendre au vieux père usé et désorienté, c'est le cœur qui demeure. Le cœur ne disparaît jamais. Et comme Dorothée, nous pouvons nous laisser travailler pour qu'il s'ouvre !

1- *Ombres et Lumière* n°182 juillet-août 2011

La lumière d'une rencontre

À l'*OCH,* nous disposons d'un service d'écoute et de conseil[1] qui reçoit chaque jour des demandes d'aide. Face à la diversité et à la lourdeur des situations, une question intérieure monte souvent chez les écoutants : « *Comment rejoindre cette personne dans sa souffrance ?* »

Oui, comment rejoindre Élise, à propos de son neveu et de ses troubles du comportement que le médecin commence à nommer autisme... « *Est-ce qu'on guérit de l'autisme ? Est-ce héréditaire ? Sa grande sœur n'en peut plus de vivre avec ce frère si perturbé, comment l'aider ? Et ses parents qui baissent les bras... Vers qui les orienter ?* » Comment rejoindre cette maman dont le fils malade psychique ne veut pas se soigner, qui appelle, épuisée, apeurée ? Comment réconforter et soutenir aussi ce jeune homme handicapé qui pleure de solitude depuis son traumatisme crânien ? Il se sent « *trop handicapé pour entreprendre des choses, mais pas assez pour en faire d'autres* ». Il ne se trouve pas de place, pas d'amis, pas de sens... Il se sent inutile.

Derrière les demandes d'aides ou de conseils qui viennent à l'*OCH*, ce sont souvent des cris de révolte, de peur, d'incompréhension, de désarroi. Un besoin de parler toujours, de pleurer parfois. Pour les accueillants de l'*OCH*, il s'agit de demeurer dans une présence bienveillante. Car la première attitude face à la souffrance n'est-elle pas de demeurer, impuissant peut-être, mais présent ? Pas de baguette magique pour résoudre ces questions inextricables. Mais un accompagnement au long cours... « *Ce n'est pas exactement votre demande, mais vous pourriez peut-être vous mettre en lien dans votre ville avec telle personne de notre connaissance, telle association. Vous pouvez les appeler de ma part. De mon côté, je vais regarder s'il n'y a pas un lieu d'accueil ou un service que vous pourriez contacter. On se rappelle* ». Et courrier après courrier, entretien après entretien, dans ce lien de personne à personne, se dévoilent souvent un horizon inespéré et la lumière d'une rencontre. Car sur ce chemin, il y a toujours le mystère de la personne, qui jamais ne se résume à sa seule souffrance.

1- La permanence d'écoute-conseil de l'*OCH* est ouverte du lundi au vendredi, de 9h à 18h. Sur rendez-vous, au 90 avenue de Suffren 75015 Paris, ou téléphone 01 53 69 44 30, ou par mail : *accueil@och.fr*

Dans le tourment
de la maladie psychique

L'homme a une cinquantaine d'années. Marié, père de quatre enfants, il me parle de sa troisième fille qui souffre d'une maladie psychique. Il se souvient des premiers signes, apparus à l'adolescence. Un comportement bizarre, qu'il ne comprenait pas. « *On échafaudait des hypothèses. On espérait bien que ça ne durerait pas !* »

Hélas, ça ne s'est pas arrangé, au contraire. Les attitudes, les paroles étaient de plus en plus incompréhensibles. Une spirale infernale : les crises, la rue, les relations malsaines, la drogue. Leur fille leur en voulait de l'avoir fait hospitaliser. « *Souffrance terrible de voir son enfant submergée d'angoisse, sans rien pouvoir faire. En plus, avec sa maladie, elle détestait notre amour.* »

La vie conjugale a été affectée, lourdement. Il a fallu dépasser les questions, les ressentis si différents, les reproches mutuels... pour retrouver l'unité sans laquelle tout s'effondrait. Demeurer ensemble face à l'épreuve, sans comprendre. La vie sociale également, a été bouleversée. Les amis n'invitaient plus. « *De toute façon, on ne supportait plus ni leurs conseils, ni leurs bonnes paroles. On avait juste besoin de vrais amis, sachant offrir une présence silencieuse... Mais c'est rare !* ».

La foi en Dieu a aussi été travaillée, beaucoup ! « *J'ai découvert que la révolte était une prière*, dit-il. *Accuser Dieu était déjà une marque de confiance certes, mais il m'a fallu du temps avant de découvrir peu à peu qu'Il n'y était pour rien dans la maladie de ma fille. Au contraire, Il était avec moi, Il pleurait comme moi, Il espérait pour moi. Cela a été le début d'un chemin de consentement, éclairé par le mystère de la Croix et de la Résurrection. Le début d'un chemin d'espérance.* »[1]

1- L'Association **Relais Lumière Espérance** apporte un soutien moral et spirituel aux personnes et aux familles dont l'un des proches est touché par une maladie psychique. Secrétariat général au : 90 avenue de Suffren 75738 Paris Cedex 15. Tél : 01 44 49 07 17 (répondeur) *www.relaislumiereesperance.fr*

Grandir avec un parent malade
ou handicapé

Depuis son accident, le papa de Mathilde est handicapé. Elle grandit à ses côtés mais c'est une perte dont elle souffre beaucoup. Il n'est plus comme avant et elle se culpabilise des sentiments qu'elle éprouve : « *C'est mon père qui souffre et c'est moi qui me plains de ne pas pouvoir jouer avec lui* ». Cela est renforcé par l'entourage, qui lui dit : « *Tu as de la chance, ton père est encore avec toi, il aurait pu en mourir* ».

Interdit alors pour elle d'exprimer ce qu'elle ressent, de crier son mal-être. D'ailleurs on ne prend jamais de ses nouvelles mais on lui demande plutôt « *comment va ton père ?* ». Impossible non plus de dire combien elle a honte quand son père vient la chercher à l'école. Elle porte de si lourdes responsabilités pour ses épaules d'enfant ! Comme s'il y avait inversion des rôles, elle doit parfois prendre soin de lui, devenant un peu le parent de son parent. De tout ça encore, elle ne peut parler.

Quel que soit le handicap du parent, sensoriel, moteur, mental ou psychique, la découverte progressive de cette différence est toujours une perception douloureuse pour l'enfant. Petits, comme dans l'exemple de Mathilde, ils ont souvent honte, allant parfois jusqu'à renoncer à inviter leurs amis à la maison. Jeunes adultes, ils ont un sens précoce des responsabilités et ne se sentent pas autorisés à quitter la maison, tant ils ont le sentiment d'abandonner leur parent handicapé. Certains se retrouvent même incapables de bâtir un projet de vie familiale ou professionnelle...

Conscient de la souffrance silencieuse de ces enfants de parent malade ou handicapé, l'*OCH* a mis en place une journée pour eux[1], un temps pour mettre à plat ce qu'ils vivent en famille et pour désencombrer de tous les non-dits l'amour qu'ils portent à leur papa ou leur maman !

1- Pour en savoir plus sur la journée consacrée aux enfants de parent malade ou handicapé, renseignez-vous auprès de l'*OCH*.

Ces jours où l'on ne s'en sort pas...

« *Je ne m'en sors pas* », dit Gaëlle, malade bipolaire. La succession des phases dépressives puis exaltées la broie peu à peu dans un rythme cyclique que, dans son cas, la médecine n'est pas encore arrivée à stabiliser.

Malgré tous ses efforts, elle a le sentiment d'être noyée, aspirée... Je pense à cet ami prêtre qui me disait ne plus trouver ses priorités tant il se sentait surchargé, ou encore à telle maman submergée par un quotidien à la limite du tenable. « *Je ne m'en sors pas* » disent-ils, les uns comme les autres.

Ce sentiment n'est pas réservé aux personnes dont le malheur apparaît au premier plan. Il y a, en chacun d'entre nous, une part qui ne s'en sort pas, même si nous préférons ne pas le dire, même si nous nous le cachons à nous-mêmes.

N'ayons pas peur de ne pas nous en sortir, car Jésus est venu précisément pour ceux qui ne s'en sortent pas[1]. C'est à ce moment-là souvent, dans le lieu même de notre détresse, qu'Il vient nous rencontrer. Plus besoin alors de faire semblant, ni de jouer les supers héros ! Ce n'est pas cela que Dieu me demande d'ailleurs. Au contraire, pour chacun d'entre nous, la voie du salut passe à travers nos maux et nos douleurs : nous sommes conviés à en faire le lieu de la rencontre avec l'autre (celui qu'on appelle à l'aide) et avec Celui qui donne Vie.

Puisse ce message rejoindre tous ceux qui, comme Gaëlle, "ne s'en sortent pas" et tout particulièrement les personnes aux prises avec la dépression.

1- Lire *L'Évangile de ceux qui ne s'en sortent pas,* François Bal, éditions des Béatitudes

Fatigue des mères,
où puiser l'énergie ?

« Des nuits sans sommeil, des heures de salles d'attentes chez les médecins, des journées sans une minute de répit, et une inquiétude à chaque instant... » Voici comment Laure parle de sa vie de mère de trois enfants, dont Marie, quinze ans, polyhandicapée. Résultat : la fatigue gagne du terrain et se transforme en épuisement.

« La fatigue est bien la pire ennemie quand on est mère de famille. » À fortiori quand on est maman d'un enfant handicapé. Le premier réflexe – bien légitime – est celui de tenir. Pas le droit de craquer pour la maman car si elle lâche, pense-t-elle à juste titre, c'est toute la famille qui s'ébranle. Alors elle tire sur la corde, elle surmonte sa fatigue jusqu'à ce que le corps dise « stop ! ». C'est trop, l'engrenage commence : avec ce corps qui ne suit plus, le moral tombe, la culpabilité ronge le cœur et l'impuissance devient source d'angoisse.

« *Alors, comment tenir ?* » demandent tant de mamans d'enfants malades ou handicapés. Où puiser l'énergie ? Comment rester vivante ? Car c'est bien de cela que les enfants ont besoin avant tout. Marie-Vincente Puiseux écrivait dans Ombres et Lumière[1] : « *Si la maternité est mort à soi-même pour donner la vie, si elle participe – et c'est sa grandeur – au mystère pascal de mort et de résurrection, elle est très éloignée d'un faux esprit de sacrifice où l'on devrait renoncer à toute joie et où la fatigue serait la signature de l'amour maternel.* » Et elle ajoute un peu plus loin : « *Il s'agit de reconnaître son impuissance et de s'en remettre à la sollicitude de nos proches et de l'Hôte intérieur* ».

Or, nos proches, ce sont aussi nos semblables... S'il n'existe pas de recette miracle pour surmonter la fatigue, il y a plein de bonnes idées que les mamans peuvent partager entre elles, avec cette bienveillance mutuelle dont elles sont capables. C'est l'expérience que font les mamans au cours de la journée[2] qui leur est consacrée chaque année pour leur permettre de vider leur sac, partager leurs questions et se ressourcer ensemble. C'est aussi l'objectif du réseau « *Cœur de maman* »[3], soutenu par l'*OCH*, qui rassemble entre elles, une fois par mois, des mamans ayant un enfant handicapé. Une belle initiative qui permet, le temps d'une réunion, de se donner des tuyaux, d'échanger sur le quotidien, de déposer son fardeau... En somme, de venir puiser l'énergie pour rester des mamans vivantes !

1- ***Ombres et Lumière*** numéro 156 quatrième trimestre 2006

2- Pour en savoir plus sur la journée des mamans, renseignez-vous à l'*OCH*.

3- ***Cœur de maman*** est un réseau né à Lille. Il compte aujourd'hui plusieurs groupes de mamans à travers la France. Pour plus d'informations, contacter l'*OCH*. Voir aussi *Ombres et Lumière* numéro 183 sept-oct 2011.

Au défi de la paternité

« *Où on va Papa ?*»[1] Telle est la question qui taraude Jean-Louis Fournier dans le livre du même titre où il raconte, avec humour et tendresse, sa vie auprès de ses deux enfants handicapés. Une question obsédante, répétée maintes et maintes fois par ses fils, résumant à elle seule un quotidien assez lourd... Derrière ces pages au ton décalé, on devine en effet le désespoir et la souffrance d'un père blessé. Un papa tellement perdu devant le handicap de ses enfants qu'il conclut son ouvrage en disant : « *Je ne sais plus bien qui je suis... Ma route se termine en impasse, ma vie finit en cul de sac* ».

Cette histoire douloureuse n'est pas exceptionnelle. Combien de papas d'enfants handicapés pourraient en témoigner : l'image de soi qui s'écroule, l'envie de fuir, la honte, la culpabilité... Le père a d'abord besoin de dire sa colère, d'être écouté dans sa souffrance et ses tentations. C'est seulement après qu'il pourra accueillir le réel, faire le deuil de l'enfant rêvé et choisir d'être père. Peu à peu, le regard voit moins le handicap, il se réjouit des progrès, une complicité s'installe, les pardons se donnent. Progressivement, le père entre dans son rôle, découvrant jour après jour que cet enfant tire de son cœur tout l'amour dont il ne se croyait pas capable.

Un tel chemin est rarement possible seul. C'est pourquoi l'*OCH* organise tous les ans un week-end pour les pères d'enfant malade ou handicapé[2]. Un moment privilégié de rencontres, d'enseignements et de spiritualité, pour échanger dans un climat bienveillant, nos histoires, nos souffrances, nos espérances. Pour ensemble, relever le défi de la paternité et pouvoir dire avec Martin Gray : «*Choisir d'être père, c'est choisir dêtre un homme* ».

1- *Où on va papa ?*, de Jean-Louis Fournier, Prix Fémina 2008, éditions Stock
2- Pour en savoir plus sur le week-end pour les pères, contacter l'*OCH*.

Foi et Lumière, la chaleur d'une grande famille

Voilà plus de quarante ans que le mouvement *Foi et Lumière*[1] existe et se développe. 1600 communautés dans plus de 80 pays du monde, soit environ 50.000 personnes, c'est étonnant une telle croissance ! Parmi les membres, un tiers ont un handicap mental, un tiers sont parents et un autre tiers sont simplement amis. Tous les mois, ils se rassemblent pour partager, prier, fêter... Rien d'extraordinaire en soi ! Mais alors, quel est le secret de *Foi et lumière* ?

Le témoignage de Francesco, papa de Sabina – lourdement handicapée –, est édifiant. Alors qu'il rencontre le directeur d'une association caritative pour solliciter une subvention, celui-ci lui répond : « *C'est très beau* Foi et Lumière *mais pourquoi voulez-vous que je vous accorde un prêt, vous ne créez pas d'école, pas de foyer... Vous ne faites rien !* » Francesco lui raconte alors la naissance de Sabina, la solitude, la souffrance, le séisme pour sa famille... Puis, la rencontre avec une communauté *Foi et Lumière* où pour la première fois, il découvre que Sabina peut être accueillie sans réserve, de façon unique. Non seulement sa petite fille ne représente plus un échec mais elle devient aussi source de rencontres, d'amitié, de foi. Francesco ajoute : « *Voilà l'œuvre de* Foi et Lumière *! Une famille qui retrouve son unité, son espérance… Un enfant handicapé qui trouve sa place… Cela n'a pas de prix !* »

En effet, qu'il y a-t-il de plus essentiel pour chacun d'entre nous que le bonheur d'être accueilli, d'être choisi et aimé, sans conditions ? C'est cela qui fait vivre *Foi et Lumière* depuis si longtemps. Dans notre monde qui considère encore trop souvent la personne par le biais de ses performances, *Foi et Lumière* est un signe et un soutien inespéré pour des milliers de familles à travers le monde. Puissent-elles continuer longtemps à puiser dans ce mouvement l'amitié et l'espérance qui font dire à Marie-Hélène Mathieu, la fondatrice[2] : « *Là où il y a un ami, il y a un chemin.* »

1- **Foi et Lumière International**, 3 rue du Laos, 75015 Paris. *www.foietlumiere.org*
2- Retrouvez l'incroyable aventure de **Foi et Lumière** racontée par Marie-Hélène Mathieu dans « *Plus jamais seuls* », aux Presses de la Renaissance.

- IV -

TRANSMETTRE L'ESPÉRANCE

Dans les bras du Père

Quelques jours avant Pâques, une veillée de réconciliation est organisée dans une communauté de *l'Arche*[1]. La plupart des personnes présentes portent un handicap mental, les autres sont des jeunes qui partagent leur vie, quelques anciens sont là aussi.

L'ambiance est surprenante pour qui n'est pas habitué. Le texte de l'enfant prodigue est mimé, avec gravité, par des personnes handicapées. Un prêtre commente la parabole, entrecoupé parfois d'un cri, d'un acquiescement ou d'un commentaire... Surtout quand il s'agit de l'amour inconditionnel du Père qui aime chacun.

Puis l'ambiance devient recueillie, aidée par des chants. Chacun chante, parfois juste, parfois très faux et très fort, mais étonnamment, c'est beau ! Comme si la beauté jaillissait de l'ajustement des cœurs plus que de celui des voix ! Les prêtres s'installent aux quatre coins de la salle pour recevoir la confession de chacun.

François s'approche de l'un d'entre eux. Pourtant, François ne parle pas. Il n'a jamais parlé. Impossible pour lui de confesser ses péchés.

Impossible d'ailleurs pour nous de deviner s'il a conscience de son péché. Je vois le prêtre lui parler, puis ouvrir grands les bras de son aube blanche. François vient alors se serrer contre lui, longuement, avant de recevoir la bénédiction.

Soudain, je comprends. Je saisis que Dieu ne s'intéresse pas à mon péché. Seul l'amour l'intéresse. Trop souvent je me crispe sur mon péché, oubliant de m'ouvrir à l'amour de Celui qui à l'image de ce prêtre, veut me serrer contre son cœur brûlant. Dire mon péché n'est pas une finalité. Ce n'est que le chemin pour me laisser aimer !

Je comprends aussi que, si les personnes handicapées comme François ne participent pas à nos célébrations chrétiennes, nous risquons fort de passer à côté du message d'amour que Dieu délivre inlassablement. Jésus nous l'a bien dit : « *Aux sages et aux savants, tu caches ton mystère, mais au cœur de l'enfant, tu dis que tu es Père.* »

1- Fondée en 1964 par Jean Vanier, *l'Arche* est une fédération de communautés de vie à travers la France et le monde : des petits foyers à taille familiale où adultes ayant un handicap mental et assistants partagent quotidien, travail, repos, fête et prière ... dans le respect des différences et la joie !
L'Arche en France 12 rue Copreaux 75015 Paris-*www. arche-France. org*- *tel : 01 45 32 23 74*

Dieu m'aime, jusque dans ma faiblesse

Depuis l'enfance, Lucie a un handicap physique qui affecte sa marche, en plus de vives douleurs musculaires. Au fur et à mesure de son développement, cette différence s'est transformée en handicap, en obstacles à combattre. Combat contre le regard des autres mais aussi, combat contre elle-même pour réussir à porter un regard bienveillant sur son corps déformé. Elle en témoigne dans *Ombres et Lumière*[1].

Elle décide un jour de s'inscrire à un camp de jeunes en montagne. Ambiance sympathique. Chaque matin, tous partent en lançant : « *À ce soir, Lucie, bonne journée !* ». « *Bonne journée ? Tu parles ! Ils vont faire du ski, et moi, je reste là à préparer les sandwichs !* ». Le lendemain, un grand gaillard s'approche : « *Allez Lucie, tu montes sur mes épaules, je t'emmène au sommet !* ». Elle hésite, car ce combat en elle pour s'accepter, c'est aussi faire une croix sur son amour-propre. Elle se laisse ainsi emmener dans une journée extraordinaire : les neiges éternelles, bien sûr, mais aussi un bel échange ! « *Mon compagnon de route a découvert*

*qu'on pouvait grandir en aidant... J'ai découvert qu'on
pouvait aider les autres à grandir en se faisant petit.* »

Ce n'est pas pour autant la fin de son combat :
accepter jour après jour la réalité de son corps
handicapé ; apprendre à l'aimer, à le traiter avec
douceur... La révolte de Lucie révèle pourtant son
désir de ne pas se laisser abattre. Et si le chemin
vers l'acceptation reste long, très long, l'amitié de
ses amis - les vrais -, est un soutien indéfectible.

Elle écrit encore : « *Je crois que la souffrance n'est
jamais dépassée. Pour moi, elle est même salutaire : c'est
une source de vérité dans ma vie. Je la ressens comme
une flèche perçante qui rattache mon cœur profond à
celui du Christ. Je ne dis pas ça pour les mots, c'est
vrai !* » ajoute-t-elle, avant de conclure : « *Dieu
m'aime comme je suis. Le jour où j'y croirai vraiment,
je sais que je serai guérie* ».

Quelle maturité chez cette jeune femme ! Au
fond, n'ai-je pas à faire le même chemin que Lucie
dans ma vie ? Regarder en moi les failles? Laisser
Dieu y faire sa demeure... et me laisser aimer là
où je ne me crois pas aimable ? Le jour où nous y
croirons vraiment, nous serons heureux.

1- **Ombres et Lumière** n°157, janvier 2007

« *On attend Jésus d'une minute à l'autre* »

C'est le dimanche de Pâques à Lourdes, en 1971 lors du grand pèlerinage international de *Foi et Lumière*[1] qui a donné naissance au mouvement. Douze mille pèlerins du monde entier, dont quatre mille atteints d'un handicap mental, viennent de vivre plusieurs jours dans la prière, le partage et l'amitié. On s'est lavé les pieds les uns les autres jeudi, on a mimé le chemin de croix vendredi, puis on est entré gravement dans l'attente de Pâques. L'unité et l'espérance sont sensibles.

La messe a été magnifique dans la Basilique souterraine. On a célébré la résurrection du Christ avec ferveur et toute l'après-midi, les pèlerins ont chanté, dansé, joué sur l'esplanade. Le personnel des sanctuaires, ainsi que les participants des autres pèlerinages, sidérés de voir autant de personnes handicapées mentales, et autant de joie en même temps, entrent dans la fête.

Enfin la musique se fait plus douce, pour laisser place au silence. Par les haut-parleurs, les pèlerins sont invités à se rassembler pour la procession du Saint Sacrement. Mais douze mille personnes à mettre en ordre, c'est long. On piétine, on attend, rien ne se passe.

Un papa, fatigué, s'exaspère. « *Mais, qu'est-ce qui se passe ? C'est intenable !* » À côté de lui, un jeune homme handicapé, explique avec calme et force : « *Ce qui se passe, c'est que ce matin, Jésus est ressuscité, et maintenant on l'attend d'une minute à l'autre* ».

Si chacun d'entre nous pouvions avoir cette foi et ce désir, pour attendre Jésus ressuscité d'une minute à l'autre ! C'est bien cela qui nous est demandé à l'exemple de ce jeune homme. Et c'est bien cela qui nous est donné à chaque célébration de l'Eucharistie.

1- **Foi et Lumière** est un mouvement communautaire de rencontres autour de personnes handicapées mentales, de leur famille et amis. Voir page 108

Une panne de télécommande providentielle

Julien n'a pas été gâté par la vie. C'est un jeune à la dérive. Drogue, alcool, marginalité, fragilité psychique. Il n'a ni avenir, ni espérance.

Un dimanche matin, comme tous les jours, il se lève sans projet, sans envie, la tête embrumée par les excès de la veille. Affalé dans le canapé, il saisit la télécommande de la télévision et tombe sur l'émission « *Le jour du Seigneur* ». Ca ne le branche pas vraiment, mais alors pas du tout ! Il zappe. Mais la télécommande ne répond plus. Il s'énerve, il la secoue, rien à faire. Pas moyen de changer de chaine.

Alors il lève la tête et regarde l'écran. La messe télévisée se déroule dans une communauté rurale qui accueille des personnes abîmées par la vie[1] : personnes sans domicile fixe, sortant de prison ou de l'hôpital psychiatrique, des personnes handicapées, d'anciens drogués, d'anciens dépressifs. Une sorte de cour des miracles qui ouvre grand ses portes à ceux qui vivent un moment trop difficile pour le traverser seul.

Julien se laisse prendre par ces visages, dans lesquels il se reconnaît. Petit à petit, il est touché par l'atmosphère qui règne dans cette messe. La souffrance si visible, mais aussi une sorte de joie mystérieuse, une espérance, qui se dégagent de cette communauté de pauvres. Sortant de sa torpeur, il suit la messe jusqu'au bout, ainsi que le reportage sur ce lieu de vie.

Il y découvre la chaleur d'un foyer de vie et le travail qui rythme la vie quotidienne. Chacun peut exercer ses talents et se sentir utile. Au cœur de cette vie si simple, il y a aussi une chapelle, où les temps de célébrations apaisent le cœur et l'âme.

Quelques semaines plus tard, au bout du rouleau, Julien appelle et arrive dans la communauté. Commence alors ce travail de reconstruction dont il a tant besoin. Il y fait la rencontre de Jésus, et entame un chemin spirituel... trouvant là une réponse à la soif qu'il avait en lui, et qui traversait toutes ses errances.

À sa manière, Julien nous rappelle qu'il n'y a pas d'endroit assez sombre en nous, où Dieu ne puisse nous rejoindre pour y mettre sa lumière. Ni de moyen qui lui soit impossible, fut-ce de se saisir d'une panne de télécommande !

1- Né sous l'impulsion du Père Thomas-Philippe, qui a inspiré à Jean Vanier la fondation de l'*Arche,* le groupe ***Pierre-François Jamet*** a pour but d'offrir aux personnes en souffrance psychique stabilisées des lieux de vie adaptés, des communautés chrétiennes, où elles se sentiront aimées et accueillies. Aujourd'hui, on compte une trentaine de petites communautés à travers la France. Pour en savoir plus, contactez l'*OCH* par téléphone au : 01 53 69 44 30 ou par e-mail : *accueil@och.fr*

Saints, les innocents…

Léa est une jeune adolescente trisomique. À l'occasion de la Toussaint, Christine, sa maman, lui demande : « *Qu'est-ce qui te donne de la joie ?* ». La réponse de Léa fuse : « *Ma joie, c'est quand je prie ceux qui sont morts et que j'aime !* ». Elle se met alors à parler de son grand-père et d'une vieille amie de la famille qui vient de décéder.

Christine est bouleversée. Elle ne se souvenait pas lui avoir jamais parlé de la communion des Saints. Cela lui paraissait bien difficile à expliquer à sa fille. Elle pensait que c'était suffisant de lui dire que les proches décédés étaient près de Dieu. Et voici que c'est elle, Léa, qui lui en fait part, dans une forme de fulgurance spirituelle.

Dieu nous a créés à son image, chacun, pour être en relation d'amour avec Lui et entre nous. Léa a été créée à l'image de Dieu, et par cette intuition spirituelle, elle nous rappelle que c'est par le cœur que nous entrons dans cette relation d'amour avec Dieu et avec les autres. Elle nous manifeste que l'intelligence du cœur n'est en rien affectée par les limites physiques, psychiques ou intellectuelles. Au contraire, mystérieusement, Lea se révèle tout spécialement capable de Dieu, et capable d'entrer dans toutes les dimensions du mystère chrétien, non pas en théologienne, mais par la puissance de la communion avec Dieu.

La petite Thérèse écrit que « *La sainteté, c'est la disposition du cœur qui nous rend humbles et petits entre les bras du Père, conscients de notre faiblesse, et confiants jusqu'à l'audace en sa bonté de Père.*»

Alors, si c'est cela la sainteté, je peux témoigner que nombre de personnes trisomiques sont des saints authentiques, même s'il ne m'appartient pas d'en juger. Non pas qu'elles soient meilleures. Elles ont leurs défauts et leurs failles. Mais elles ont souvent cette capacité de se blottir dans les bras du Père en toute confiance. Mon espérance, c'est qu'un jour l'Église reconnaisse la sainteté d'une personne handicapée mentale par la canonisation. Que nous puissions la prier officiellement en Église !

Que je sois le miracle de Dieu

Charles est éducateur spécialisé auprès de personnes lourdement handicapées. Sa foi profonde traverse toute sa vie et toute sa pratique professionnelle. Un jour, Joël qui est myopathe, lui dit : « *S'il te plaît Charles, prie pour moi. Non pas pour que s'accomplisse un miracle et que je guérisse mais pour que moi, je sois le miracle de Dieu.* »

Charles est bouleversé par cette demande. Il a tellement conscience des difficultés que supporte ce jeune dans sa vie quotidienne ! Son handicap, sa dépendance dans tous les gestes de la vie, ses souffrances aussi, la douleur dans son corps... Et pourtant, loin de toute plainte, il formule cette demande, si centrée sur l'essentiel, si décalée par rapport à nos réflexes habituels.

Prier Dieu, non pas pour être guéri, mais pour être la manifestation de son amour. Prier Dieu pour qu'il l'aide à pénétrer le cœur de chacun... Quelle foi, chez Joël ! Qui aura déjà été le miracle de Dieu pour Charles, son éducateur.

Cela m'a rappelé la prière d'Etty Hillesum[1], au cœur du drame des camps de concentration : « *Je vais T'aider mon Dieu, à ne pas T'éteindre en moi. Une chose m'apparaît de plus en plus claire : ce n'est pas Toi qui peux nous aider, mais nous qui pouvons T'aider - et ce faisant, nous aider nous-mêmes.* »

Joël semble être dans cette même intimité avec Dieu. Lui qui est si dépendant, il semble être empli de la liberté de ceux qui se savent aimés de Dieu. Et peut-être là encore à la suite d'Etty Hillesum, il pourrait nous dire : « *Puisque, désormais libre, je ne veux plus rien posséder, désormais tout m'appartient et ma richesse intérieure est immense.* »

Cette richesse intérieure, elle est pour chacun de nous, sans exception. Et puisque Dieu nous donne des Joël pour en témoigner, à sa suite, nous pouvons prier nous aussi, pour que nous soyons nous-mêmes des miracles de Dieu !

1- *Une vie bouleversée*, Etty Hillesum, au Seuil

La souffrance, du scandale au mystère

« *Nous savons faire de belles phrases sur la souffrance. Moi-même, j'en ai parlé avec chaleur. Dites aux prêtres de n'en rien dire !* » soufflait le Cardinal Veuillot sur son lit de mort, emporté par un cancer très agressif.

C'est vrai que la présence humble et bienveillante est souvent la seule attitude à tenir devant les grandes épreuves. Savoir demeurer près de celui qui souffre. Résister à la tentation des belles paroles ou de la fuite. Nous avons tant besoin de nous sentir rejoints, quand la souffrance nous fait entrer dans une grande solitude.

La souffrance a de multiples visages : épreuves de santé, épreuves de l'amour, deuils, angoisses… Elle fait inexorablement monter en nous la question du pourquoi ? Oui, il est normal que notre intelligence se scandalise ! Sinon, nous sommes tentés par le déni, la fuite, jusqu'à être douloureusement rattrapés par l'épreuve qui nous submerge.

Les personnes handicapées ou malades psychiques, leurs familles, connaissent bien la souffrance. Elle a violemment fait irruption dans leur vie. Un papa me donnait l'image du tsunami pour m'en faire comprendre la force destructrice. Il me disait aussi combien ce sentiment de chaos lui a révélé en creux la plénitude de vie à laquelle il aspire. Il témoignait notamment, de l'importance vitale des amis dans cette épreuve pour entrevoir la lumière. Une lumière qui s'est faite assez vive pour éclairer toute sa vie. « *Même une petite flamme qui vacille soulève le lourd manteau de la nuit* » disait Jean-Paul II.

Oui, le mal est un scandale, mais un scandale qui s'éclaire par le mystère de l'amour, par le mystère de Dieu… depuis que le Christ en croix est venu épouser la souffrance de l'homme et lui donner une perspective.

Le Val d'Akor, porte d'espérance

Depuis le succès du film *Intouchables* inspiré de son histoire personnelle, les témoignages de Philippe Pozzo di Borgo[1] dans la presse ont révélé l'épaisseur de l'individu et la profondeur de sa vie intérieure. Ainsi, répond-t-il à une personne qui lui demande ce qu'il retient de son expérience du handicap : « *L'immobilité m'apporte une richesse que je n'avais pas perçue : le silence dans lequel règne la conscience. Dans le handicap, j'ai trouvé ma conscience. J'ai fait le deuil de mon corps dans ce silence habité qui inocule le virus de l'espérance. Le handicap et la maladie sont fractures et dégradations. Mais dans ces instants où l'on perçoit l'échéance de la vie, l'espérance est un souffle vital qui s'amplifie.* »

Quand bien même... Comment passer « *de la dégradation à l'espérance* » ?

Dans le livre d'Osée (16, 17), Dieu dit : « *Je ferai du Val d'Akor une porte d'espérance* ». Or, le Val d'Akor est une vallée du malheur, près de Jéricho. Un lieu maudit, dangereux, qui grouille de serpents et d'insectes venimeux. Un lieu de souffrance dont tous s'écartent.

Au fond, bien naturellement, chacun d'entre nous est tenté de fuir le Val d'Akor. Nous nous écartons de notre propre souffrance, et nous nous détournons des personnes handicapées, qui la manifestent. Nous préférons vivre dans le bruit, comme Philippe Pozzo di Borgo vivait lui-même dans le bruit avant que le handicap ne le fasse entrer dans le silence habité. Et pourtant Dieu nous invite à ne pas fuir notre Val d'Akor, à ne pas fuir notre souffrance, car il en fera une porte d'espérance.

À la fin de son témoignage, Philippe Pozzo di Borgo nous dit : « *Moi, il m'a fallu cette épreuve du handicap pour entrer dans ce silence. Vous vivez dans le bruit sans le savoir. N'attendez pas l'épreuve du handicap pour faire l'expérience du silence.* » Au fond, plus nous sommes dans le bruit, plus nous avons besoin de la proximité de la personne handicapée. Dans l'expression de sa souffrance, elle nous aide à entrer dans notre propre souffrance. Et mystérieusement, elle nous aide à franchir, avec elle, cette porte d'espérance où l'Amour se révèle.

1- Le film « *Intouchables* », sorti en 2011, retrace l'histoire vraie de Philippe Pozzo di Borgo, voir page 39. Lire aussi son témoignage *Le second souffle pour un nouveau chemin*, Bayard.

Pain de Dieu, souffle de vie

Georges a été victime d'un accident cérébral qui l'a laissé hémiplégique et sans l'usage de la parole. Atteint aussi d'une maladie nosocomiale qui l'emportait peu à peu, son état ne cessait de se dégrader. Semaine après semaine, il devenait de plus en plus faible au point que parfois il ne pouvait même plus ouvrir les paupières lors de nos visites à l'hôpital. Seul un léger mouvement manifestait alors qu'il avait perçu notre présence.

Nous avons demandé à un ami prêtre de venir célébrer la messe. Nous nous sommes retrouvés dans sa chambre d'hôpital, une dizaine, serrés autour de son lit. Georges n'avait pas bougé. Impossible de savoir s'il était présent à ce qui se passait.

La messe se déroule. Arrive le moment de la communion. Le prêtre coupe une minuscule parcelle d'hostie consacrée, la pose dans une goutte de précieux sang au fond d'une petite cuillère dorée. Il s'approche de Georges allongé, et dit d'une voix douce : « *Georges, le corps et le sang du Christ* ». Mystérieusement, les lèvres de Georges s'entrouvrent un tout petit peu, suffisamment pour que le célébrant dépose la goutte sur ses lèvres qui se referment.

À ce moment, j'ai repensé à cette phrase de la liturgie : « *Comme cette eau se mêle au vin, puissions-nous être unis à Ta divinité, Toi qui a pris notre humanité* » et j'ai mieux compris le mystère du don qui nous est fait dans l'Eucharistie : l'infiniment grand, Dieu tout puissant, se donne dans l'infiniment petit. Jésus qui donne son corps et son sang pour que Georges, et chacun d'entre nous dans notre fragilité, puissions vivre de Sa vie ! Qu'y a-t-il de plus petit que Georges au bout de sa vie, qui a eu tout juste la force nécessaire pour entrouvrir ses lèvres ? Dieu est là, pleinement là !

Perrine m'a révélée le visage du christ

Élisa Blandau[1] a une fille polyhandicapée de douze ans, Perrine. Celle-ci vit en totale dépendance, dans un corps déformé, sans usage de la parole. Seul son cœur semble fonctionner, avec une grande intelligence.

Élisa, dont l'enfance avait été dévastée, vit la naissance de Perrine comme une nouvelle brisure dans sa quête de bonheur. Toute sa vie devient refus de cette souffrance. Elle lutte à coup de grands projets pour que Perrine puisse vivre « *comme tout le monde* ». Face aux échecs, elle se sent battue, épuisée.

Cela faisait longtemps qu'Élisa avait déserté l'Église, trop révoltée pour continuer sa quête de Dieu. En revanche, sa fille Perrine semble mystérieusement vivre une profonde intimité avec Jésus. Comme si elle sentait que le message d'amour du Christ lui était spécialement destiné.

Alors qu'elles assistent ensemble à la messe dominicale d'une cité de banlieue, le prêtre conclut son homélie en prononçant avec force : « *Et l'Amour, il est là* ». À ces mots, il pointe du doigt l'immense croix au-dessus de l'autel. Perrine tressaille, pousse un cri, cherche sa mère des yeux. « *Je la vois encore fixer cette croix de ses grands yeux* – écrit Elisa -, *abaisser aussitôt la tête pour se regarder ficelée dans son fauteuil roulant, et me jeter ensuite un regard en coin pour s'assurer que j'avais bien compris* ».

Un voile se lève enfin pour Élisa. Elle découvre Jésus, dans la personne même de sa fille Perrine, ligotée sur son fauteuil. « *Au travers de Perrine, Il se révélait à moi. Je l'avais sous les yeux sans le voir depuis toutes ces années* » dit-elle.

Guidée par sa fille, Élisa passe progressivement du refus au consentement, de l'errance au sens, de la colère à l'amour, de la mort à la vie.

1- Auteur du livre *Ippatah, Tout dans rien, toujours naissant à l'infini*. Essai paru aux éditions de l'Officine, novembre 2010

La paix, entre nos mains

La paix ! Qui ne désire pas la paix[1] ? C'est un de nos besoins les plus profonds ! Et pourtant la violence, la haine, semblent gagner du terrain. Les journaux télévisés les montrent, ces images nous hantent. Notre réflexe bien naturel alors est d'ériger des murs pour nous protéger de ces menaces. Des murs entre riches et pauvres, entre religions, entre cultures, entre voisins même... Des murs dont nous savons bien qu'ils ne sont pas une solution, mais que faire d'autre ?

Cette paix n'est pas que l'affaire de nos gouvernants. Nous pouvons chacun devenir des artisans de paix, à notre échelle. Écoutez cette petite histoire :

Claire porte un handicap moteur qui affecte sa marche, mais aussi la rend très fatigable. Un soir, elle rentre du travail épuisée et tombe dans la rue par trois fois. Elle se relève deux fois, mais à la troisième tentative, ses muscles ne répondent plus, elle ne parvient pas à se remettre debout. Un homme qui mendiait assis à quelques mètres la voit, se redresse, s'approche, et la relève délicatement avec des paroles réconfortantes.

Le lendemain, elle rentre à nouveau du travail, et voit l'homme assis par terre au même endroit en train de mendier. Elle s'approche de lui, s'assied, et passe un moment avec lui. « *Il s'était mis debout pour me relever la veille*, explique-t-elle. *J'ai eu envie de faire le même geste en sens inverse, m'asseoir près de lui* ».

Je crois que si chacun d'entre nous était capable des mêmes gestes que Claire et cet homme, nous construirions cette paix tant désirée ! Oui, c'est notre part à nous. C'est peu de chose, mais l'avenir de notre monde est là, chichement, entre nos mains. Dans notre capacité à rejoindre l'autre différent dans sa vulnérabilité, mais aussi à nous laisser rejoindre dans notre propre vulnérabilité.

Jésus n'a cessé de s'asseoir près du malade, de relever le boiteux. Il est prêt à s'asseoir près de chacun de nous tels que nous sommes, paralysés par nos peurs, pour nous aider à poser aujourd'hui l'acte d'amour qui construira la paix de demain.

1- *Soif de Paix*, thème de la conférence OCH donnée par Jean Vanier, le 2 février 2011 à l'Unesco. Pour écouter l'intégralité, CD disponibles à l'OCH, 90 avenue de Suffren, 75015 Paris.

Changer le monde un cœur à la fois

À l'occasion des cinquante ans de l'*OCH*, un équipage d'une dizaine de personnes s'est élancé à pied pour une aventure de 169 jours. Pendant près de six mois, des personnes se relaient inlassablement, jour après jour, pour effectuer ce tour de France de l'*OCH*. Parti de Bruxelles le 28 avril 2013, de villes en villages, de rencontres en témoignages, de chemins en petites routes, le tour de France de l'*OCH*[1] arrive finalement sur le Parvis de Notre-Dame de Paris le dimanche 13 octobre 2013, pour une grande manifestation de rue et une belle messe dans la Cathédrale.

Parmi les équipiers, des personnes handicapées, des accompagnateurs, amis, parents, un membre de l'*OCH* promu « chef d'équipage ». Ils avancent au gré des rencontres. Ils invitent les passants à marcher avec eux, une heure, une journée, une semaine ; ils animent des évènements sur la place du village, un témoignage, une conférence, un spectacle ; ils invitent à la rencontre gratuite avec la personne handicapée ; ils témoignent de sa richesse ; ils recueillent aussi des engagements pour construire un monde plus humain à l'école des plus fragiles. Ces signatures sont destinées à être déposées à l'autel de la Cathédrale de Paris.

Un monde plus humain, c'est sortir de la logique de compétition pour entrer dans une logique de communion : marcher ensemble, c'est être en communion les uns avec les autres !

Un monde plus humain, c'est prendre le temps de la rencontre de l'autre, et découvrir sa richesse : marcher au pas de celui qui est fragile, c'est entrer dans le pas du Tout Autre !

Un monde plus humain, c'est se faire proche de celui qui souffre, et découvrir avec lui, que là où il y a un ami, il y a un chemin. On a tellement besoin d'un ami quand on est éprouvé.

Un monde plus humain, c'est sortir de la tyrannie de l'efficacité pour entrer dans la logique de la gratuité et du don : à quoi ça sert de marcher ensemble pendant six mois ? À rien... Juste à changer le monde un cœur à la fois !

Au fond ce tour de France de l'OCH, c'est une manière originale de répondre à l'appel de Jésus : « *Allez dans le monde entier et proclamez la bonne nouvelle.* » (Mc, 16,15)

1- Pour en savoir plus : *www.och.fr*

Postface

Votre don, c'est notre force

Quand on me demande comment l'*OCH* finance toutes ses actions et ses projets, je constate toujours le même étonnement chez mes interlocuteurs... « *Aucune subvention publique ? Vous vivez uniquement de dons privés et de legs ! Mais alors, comment êtes-vous certain que l'OCH pourra encore agir dans le futur?* »

C'est une bonne question, et je n'ai aucune certitude. L'*OCH* dépend en effet uniquement de ses donateurs et cela peut paraître une sérieuse limite. Mais au risque de vous surprendre, chers amis, je pense au contraire que c'est une excellente nouvelle d'être ainsi dépendant de vous !

Car la dépendance est au cœur de notre mission. Chaque jour, nous travaillons à susciter des relations d'amitié avec les personnes malades ou handicapées, et nous tentons de leur apporter les soutiens et les services nécessaires ! De par leur fragilité, ces personnes nous invitent à créer des liens de communion. Elles nous révèlent que toute vie comporte un jour la vulnérabilité et que nous avons tous besoin les uns des autres. Elles nous apprennent que le vrai bonheur se trouve là, dans l'interdépendance.

C'est tout le sens de la première Béatitude : « *Heureux les pauvres, le Royaume des cieux est à eux !* ». Le pauvre est par nature dépendant de l'autre. Il suscite cet amour mutuel que Jésus nous invite à vivre. Il n'a rien d'autre à donner que lui-même, c'est-à-dire l'essentiel, sa capacité d'aimer.

Voilà pourquoi c'est une bonne nouvelle que l'*OCH* dépende de chacun de vous, chers amis donateurs ! Votre don, c'est notre force. C'est cela qui nous donne confiance en l'avenir. Si Dieu veut la mission de l'*OCH*, il nous en donnera les moyens à travers vous. Et cela fait cinquante ans que ça dure !

Alors merci de continuer, parce que l'*OCH* de demain, c'est vous avec nous !

Merci de continuer vos dons. Du plus petit au plus gros, ils permettent de développer nos actions.

Merci de léguer une part de vos biens à l'*OCH*. C'est prolonger par-delà la mort votre engagement. Merci de penser aux donations sous toutes les formes.

Merci aux bénévoles de continuer de donner de votre temps, parce que notre mission se déploie avec les bras et les cœurs de chacun.

Merci enfin de votre prière. Que nous nous laissions toujours plus pénétrer par le mystère de la Croix et de la Résurrection sur lequel se fonde la mission de l'*OCH*.

L'*OCH* et sa revue *Ombres et Lumière*

L'Office chrétien des personnes handicapées a été créé par Marie-Hélène Mathieu en 1963, à la suite du drame de Liège (voir la préface) où il fallut réaffirmer avec force que toute personne est une histoire unique et sacrée et accompagner la détresse des parents face à des situations impossibles. Premier acte : la publication immédiate d'un ouvrage collectif "*Ils ont le droit de vivre*" et progressivement le lancement de la revue *Ombres et Lumière*, les conférences-rencontres, les permanences d'accueil, l'aide financière aux projets favorisants l'éducation ou l'insertion des personnes malades ou handicapées.

L'association *OCH* devient en octobre 2012 une **fondation reconnue d'utilité publique**.

Aujourd'hui, des membres de la fondation de l'*OCH* participent à des instances nationales telles que le Conseil de l'Europe, le Conseil National Consultatif des Personnes Handicapées, le Conseil National Handicap, le Conseil National d'Éthique.

Ses missions :

– informer et entourer les personnes malades ou handicapées, leurs familles, leurs proches et les professionnels qui les accompagnent, par la diffusion de la revue ***Ombres et Lumière*** et par des "rendez-vous famille" tout au long de l'année.

– accueillir toute personne qui, directement ou indirectement, est concernée par la maladie ou le handicap grâce au service ***Écoute-Conseil***, à Paris et à Lourdes.

– soutenir par un accompagnement et des **aides matérielles** ou des subventions tout projet ou initiative chrétienne favorisant la vie ou l'insertion des personnes malades ou handicapées.

– soutenir par la prière toutes les intentions de **prière** confiées à la fondation de l'OCH.

Fondation OCH
90 avenue de Suffren 75015 Paris
www.och.fr
www.ombresetlumiere.fr
contact@och.fr
Tél. 01 53 69 44 30

SOMMAIRE

II - Éclairer les enjeux éthiques

III - Soutenir les familles

IV - TRANSMETTRE L'ESPÉRANCE

POSTFACE

Pour être informé des publications des
éditions Le Livre Ouvert et recevoir
notre catalogue, veuillez nous envoyer
vos coordonnées à :

Éditions Le Livre Ouvert

9 rue des noisetiers

17140 Lagord

☎ 05 46 07 05 23

ou consulter notre site

www.lelivreouvert.fr

IMPRIMÉ PAR SEPEC
en avril 2013

imprimé en France

Dépôt légal : avril 2013